U0550595

翻轉學

翻轉學

Why型思考トレーニング 自分で考える力が飛躍的にアップする37問

懂得駕馭AI的追問思維

日本思考訓練權威教你37道練習，洞察問題背後的「為什什麼」，讓你贏得好結果

細谷功——著　鍾嘉惠——譯

目錄

第3章 什麼是「追問思維」？

目錄

第 4 章　區分表象與本質，重構世界觀

目錄

第5章　追問思維的職場實戰應用

第6章　從教育開始擺脫「照做思維」

目 錄

第 8 章　追問思維，也有「使用說明」

好評推薦

「自主思考，懂得提問，AI 將讓你的人生充滿無限，而非處處受限。」

——邱奕霖，圖解力學院院長

「當知識經驗都已經存在 AI 腦中，那我們就是知識的引導者、導遊、策略思考的切入點。」

——孫治華，策略思維商學院院長

「在答案隨手可得的年代，真正稀缺且具競爭力的，是提出好問題並追根究柢的能力。」

——張永錫，時間管理講師

新版序

別讓 AI 偷走你的思考能力

本書是《為什麼你不再問「為什麼」？》*的增修版。相隔近十四年，世界已然轉變，但其中一些核心觀點依舊值得反思與實踐。

在這篇前言中，我將梳理這些「變」與「不變」，並補充說明新版編修的重點與考量。我們盡可能保留原書內容，只針對因時代背景不同而有必要說明的部分加上補充與註解，讓這本書更貼近現在的職場與思考環境。

洞察世界的「恆變」與「不變」

回顧過去十四年，我們歷經了日本 311 大地震與新冠疫情（COVID-19）等重大災難。同時，氣候變遷與地緣政治

* 前一版的繁體中文書名，2010 年 8 月日本上市，2012 年 1 月 12 日，由經濟新潮社出版。

風險日益加劇，從俄烏戰爭到以色列與加薩的衝突，國際局勢動盪不安，進一步強化了我們所處的「VUCA*時代」——一個高度易變、充滿不確定、複雜且模糊的世界。

此外，數位科技與生物科技的快速發展，也深刻地改變著全球與我們的日常生活。尤其是以智慧型手機與社群平台為代表的數位技術，透過「數位轉型」悄悄地、一點一滴地重塑著我們的生活方式。如今，不論工作、溝通還是休閒，幾乎一切都圍繞著手機進行。搭乘電車時環顧四周，你會發現幾乎所有人都在滑手機，而其中大多數人正沉浸在社群媒體中。這樣的景象，是自 2008 年智慧型手機普及以來，在十四年間逐漸形成的日常風景。

如果我們進一步設想未來十五年，今天透過智慧型手機與社群平台進行的種種活動，很可能將逐步轉移至下一個平台——無論是穿戴式裝置、自動駕駛技術，或是虛擬實境（VR）與元宇宙。

在這些巨變之中，**有一項關鍵價值從未改變，反而更顯重要：獨立思考的能力**。這也是本書《懂得駕馭 AI 的追

* 即 Volatility（易變性）、Uncertainty（不確定性）、Complexity（複雜性）、Ambiguity（模糊性）這四項挑戰的簡稱。

問思維》持續強調的核心理念。過去穩定時期所倚重的，是知識與經驗的累積——一種「被動式學習」的模式；如今面對瞬息萬變的局勢，我們更需要的是靈活應對與主動出擊的「主動思維力」。因此，本書的價值不僅與初版相同，甚至可以說，比當時更加重要。

那麼，這十四年間，真正改變的是什麼？

一項關鍵性的變化是：對獨立思考的最大挑戰，已從「網路搜尋」進一步轉向「人工智慧」（AI）。以 ChatGPT 為代表的生成式 AI，自 2022 年底橫空出世後，在短時間內迅速普及至全球數億用戶。

當年搜尋引擎「什麼都能查」的便利，早已讓不少人習慣不再思考；而如今，AI 不僅能查，還能「整理資料並給出答案」。**在這個「不必動腦也能解決問題」的時代，思考與不思考之間的差距只會越拉越大**。換句話說，那些願意深思熟慮的人與那些放棄思考的人之間，正出現一種殘酷的分化。

如今的兩極化，不再只是貧富差距的問題，更深層的斷裂，來自於「是否還在思考」。在一個由無形的金融與數位科技主導有形世界的社會裡，是否具備掌握抽象概念的能力，將決定我們能走多遠、站多高。

而 AI 的持續進化與擴散，不僅正在加速這場分化，也將引領人類邁向全然不同的階段。從「什麼都能查」的搜尋引擎，到「什麼都能整理出結論」的 AI 平台，這場轉變一方面加速人類的思考停滯，另一方面卻也大幅放大那些懂得駕馭技術者的能力與優勢。

不只解決問題，更要發現問題

在這樣的時代，**特別重要的，是提出問題的能力。換句話說，就是發現問題的能力。**

所謂問題發現，位於問題解決流程的最上游。它關乎我們能否辨識出真正的問題，也就是能否思考：「究竟哪裡出了問題？」**當 AI 逐漸具備回答各式問題的能力，人類若只是被動接收問題並尋找解方，勢必會一個個被 AI 超越**。此時，對人類而言，最需要思考的就變成：「我們希望 AI 協助解決的是哪些問題？」

這並不是人類與 AI 能力高低的比較，而是角色分工的重新釐清。

從技術發展的角度來看，也許有一天，連「發現問題」這件事本身，AI 也能做得比人類更好。不過，只要 AI 仍被視為協助人類解決課題的工具，真正該問的問題就不是「誰做得比較好」，而是「AI究竟是為了解決誰的問題而存在」。

如果人類選擇將判斷與選擇交給 AI，未來的生活也許就會變成：由 AI 發現問題、由 AI 提出解決方案，而人類則照著 AI 的指示過生活。也許有些人會選擇這樣的方式，但大多數人應該還是希望過自己選擇的人生。

既然如此，「究竟應該解決什麼問題」，就必須由人類主動思考。而這正是需要主動思維能力的時候。特別是能夠不斷反思與探究人生目的的那種思維，也就是本書所提倡的「追問思維」（Why 型思考力）。

從具體到抽象：追問與策劃的思考力

除了 AI 技術的演進，我近年的寫作觀點也有了新的發展，特別是將「具體與抽象」作為理解思考力的主要切入點。

事實上，本書原版所提出的觀念，本就隱含這層脈絡，只是在當時，並未特別使用「具體與抽象」這樣的詞彙。

近年來，我更清楚說明：「Why」（為什麼）是一種能從手段導向目的的思考方式，有助於將具體行動提升到更抽象的理解層次；而「How」（怎麼做）則是從目標出發，回推到具體做法的過程。這兩個提問方向，都是思考中非常重要的起點。*

「Why」這類提問，會引導人們進入抽象的思考過程。相較於其他四個 W（何時、何地、誰、做了什麼），這類問題更難掌握，但也能帶來更深層的洞察與轉變。

最後，也想提醒一下：本書中有不少描述主管與部屬互動的情節。隨著社會對各種職場不當行為的敏感度提升，過去那些充滿熱情的指導語氣，如今可能被解讀為壓迫式溝通。本書保留了一些這樣的案例，並於相關段落加註說明，請讀者在閱讀時斟酌理解。

---

* 書中經常出現「Why 型思考」與「How 型思考」這兩個概念。為了讓閱讀更順暢，我們會根據語境，把「Why」翻譯成「為什麼」、「追問」、「探究」或「本質」；「How」則會對應到「怎麼做」、「策劃」或「如何實踐」等用語。

用練習，讓思考變成日常

為了呼應這次的新版主軸，我們在原版內容之外，於各章增添了練習題。正文部分則基於當時的結構，盡可能不做更動，而是透過 25 道題目，明確標示出希望讀者親自思考的段落。

加上新加入的題目，全書共有 37 題練習題，也因此，我們將書名調整為現在的《懂得駕馭 AI 的追問思維》。

Why 型思考，並不是抽象難解的理論，其實可以應用在每天的生活中，只要你願意帶著意識去實踐，就會發現這套思維方式幾乎處處可用。正因如此，想讓這種思考方式內化為日常習慣，從身邊的話題開始練習是很有效的方式。因此，本書也補充了幾道生活化的練習題，提供你在日常中反覆練習的機會。

那麼，你對 AI 時代的未來有什麼想像？

有人對這場變革感到期待，有人則感到焦慮。這兩種感受，其實都很自然。但我相信，當你掌握了正確的思考工具，就能將不安轉化為行動，甚至帶著一點興奮，去迎接新的未來。

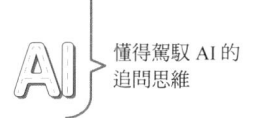

希望這本書，能成為你邁向明確未來的參考指南，也讓你的每一天都更接近你真正想要的樣子。

細谷功，2024 年 2 月

前言

別只問「該做什麼」，先思考「為什麼」

「做事前，多想一想！」

「可不可稍微動一下腦？」

這可能是職場中主管對部屬最常說的話之一。如果要估算這句話每天在日本出現多少次，也許會嚇一跳。

假設日本有六千萬就業人口，其中八成身處有上下關係的組織中，大多數人都屬於「下屬」的角色（畢竟除了社長，幾乎人人都有上司）。有的人可能一天會被這麼說三次，有的人一次也沒有；即便粗略估算，每三天聽到一次好了，也代表每天日本職場中會上演超過一千萬次「動腦點」的呼喚。

那麼，**所謂的「動腦」、「思考」，到底是什麼意思？**怎麼做才算真的在思考？令人意外的是，能夠清楚說明這件事的人其實不多。甚至連說出這句話的主管本人，往往也講不出個所以然。對於接收指令的一方來說，就更不容易了。本書的目的之一，就是想為這個每天上演無數次的困惑，提供一個具體的方向。

為了更清楚說明什麼叫做「思考」、什麼叫做「動腦」，我設計了兩個主要切入點。首先，是藉由描繪「不思考的狀態」，來凸顯出真正的思考特徵。我將此種思考命名為「追問思維」，也是本書的主軸；與之對照的，則是思考停滯的「照做思維」*。我希望透過這兩種模式的比較，讓讀者更具體地感受思考與否的差別。在書中，我稱具備追問思維的人為「探究型人才」，只會照指令行事的人為「照做型人才」，並以實際案例來呈現這兩種人面對工作時的不同反應。

第二個切入點，是站在實務工作者的立場來說明：怎麼在現場落實追問思維。也就是說，我希望這本書不只是講抽象觀念，而是能與真實工作的邏輯接軌，具體呈現「思考」如何改變我們的工作方式。

* 原文為「What 型思考」，為方便讀者理解，本書會根據前後文的語境把「What」譯作「表象」、「聽令」、「照做」、「聽命行事」、「不思考就執行」……

顧名思義，**追問思維的出發點，就是不斷問「為什麼」**。這種方式，在許多管理書籍或理論中早已被廣泛強調，例如「五個為什麼」就是其中之一。可以說，這是最基本的思考方式。但正因為基本，反而最容易被忽略、最難落實。因此我希望從這兩個角度出發，提供實用又不流於口號的思考工具。

觀察當前社會，我們會發現一種現象正默默蔓延，那就是「只做表面功夫、不問本質原因」。這裡所說的「表面」，指的是眼前看到的現象、數據、制度，而「追問」則是深入探究：這是怎麼形成的？為什麼會這樣？背後的邏輯或初衷是什麼？

比方說：完全沒有根據、只是照著去年複製貼上的預算；不清楚目的，只決定行程地點的出差；對於已經與實況不符的規定仍照本宣科；客戶提什麼就接什麼的業務；動不動就說「之前試過沒成功」的主管；只把事情做完、從不多問的部屬；完美卻毫無說服力的企劃書；無視對方立場、只想推銷的簡報；頁數厚實卻空洞無物的資料……這些都是不問「為什麼」的產物。

這樣的情況，並不限於職場。從制度設計、行政體系到教育現場，也都可見一斑：例如靠「一向如此」撐起來的老舊制度；面對變化顯得笨拙的縱向行政；缺乏學習目標、只是被動出席的學生；把高分當成唯一目的的考試體制……這些都是「表面優先、缺乏追問」的結果。

在 20 世紀，模仿歐美成功典範、快速且精準地執行上級命令，是日本社會極為看重的能力。那是一個「標準答案」當道的時代，於是我們的教育也著重於背誦與複製——這就是「聽令思維」的養成。但現在的時代早已不同，這套模式再也行不通了。

舉例來說，美國商業顧問克萊頓．克里斯坦森（Clayton M. Christensen）的著作《創新的兩難》（*The Innovator's Dilemma*）提到：「某個時代的成功公式，到了下一個時代，可能會變成沉重包袱。」二戰後的日本發展確實受益於那樣的教育體系，但若無轉型，將成為拖住我們的重擔。因為它訓練出的是一群優秀的「照做型人才」，卻缺乏重新定義問題與目的的能力。

當今社會，既要面對新興國家的崛起，也要應對人口高齡化的現實。這正是體制必須重組、思維模式必須轉變的時刻。**而最根本的轉變，就是從「照做思維」轉向「追問**

思維」。

那麼，該從哪裡開始？其實就是：學會自己思考。這裡說的「思考」，不是去查網路找標準答案，而是要養成從資訊中尋找脈絡、不斷追問「為什麼」的習慣。

也許**在過去，「年紀一大把還問為什麼」會被人笑說太幼稚、太沒經驗。但現在，我們最需要的，正是這樣的提問能力**。

我們現在需要的不是從網路找到正確答案，再「複製貼上」，而是根據可輕易蒐集到的資訊進行「思考」。究竟有沒有在思考，其實只差一句：「為什麼？」

我自己並不是天生擅長追問的人。學生時期到剛進社會的幾年間，我的思考方式其實非常「照做」。直到三十多歲進入顧問業後，我才真正意識到這樣的差別，開始轉變，也算是晚發型選手。

因此，我更能體會那個轉變的過程，更能說明：思維改變之後，眼前的世界會有多不一樣，會帶來多少收穫（當然也會多一些麻煩，但值得）。

同一件事，在照做型的人眼中，與在追問型的人眼中，

看起來完全不同。如果本書能讓哪怕只有一位讀者因此感覺到「世界看起來不一樣了」，甚至願意跨出改變的第一步，那我就覺得寫這本書非常值得。

我把這本書獻給所有的主管和部屬。也希望幾年之後，我們都能看到這樣的畫面——那些從照做者蛻變而成的探究者，正以追問為引擎，開創更好的世界。

細谷功，2010 年 7 月

第1章

檢視你的思考模式

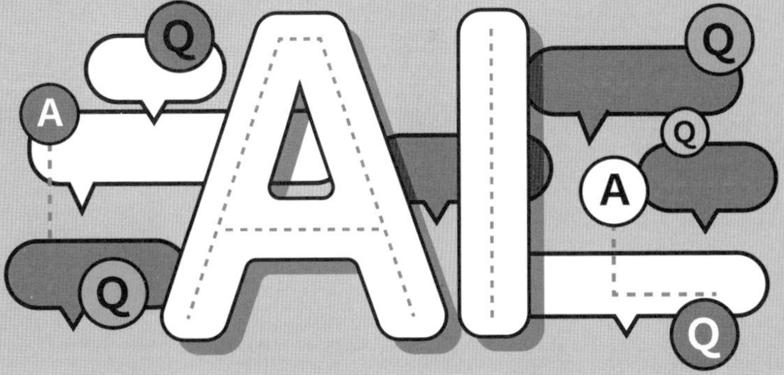

01 你是「照做型」，還是「追問型」？

要養成「追問思維」，第一步是先看懂自己平常的思考模式。本章就帶你檢視兩種不同的行動風格：一種是接受任務就執行的「照做型人才」，另一種則是會主動發問、深入思考的「追問型人才」。不妨對照自己或身邊的同事、朋友，看你們分別偏向哪一型。認識這樣的差異，將是我們練習「追問思維」的起點。

請見圖表 1-1，根據自己的行為特徵，判斷你的思維模式是偏向「追問型」還是「照做型」。這份檢核表共有 10 項，只要對照每一項哪一邊比較符合自己，就能初步判斷你目前的思考傾向。

圖表 1-1　檢查你的追問思維程度

	照做思維（What 型人才）	追問思維（Why 型人才）
1. 面對現狀時	理所當然	值得懷疑
2. 對於規則	為了遵守而存在	為了打破或改變而存在（不是為了服從）
3. 面對資料	越厚越好	薄一點也無妨
4. 他人或其他公司的做法	仿效比較安心	即使相似也未必適用
5. 對於過去成功的經驗	準備照本宣科	嘗試重新轉化再運用
6. 對於過去的失敗經驗	決不重蹈覆轍	也許換個方式就會成功
7. 別人說的話	照單全收	試著「反問」為什麼這樣說
8. 做選擇時	固守一個最安全的選項	時時思考是否還有更好的選擇
9. 所謂「解決問題」	解決眼前被指派的問題	重新發現與定義問題本身
10. 面對提問時	為了不被看輕	為了真正掌握問題本質

結果如何呢？雖然這份檢核表僅供參考，但如果你有 3 項以上選的是「照做型」那一邊，那麼你的思維習慣很可能是傾向接受指令、按部就班的模式。

現在，我將一項一項為你說明，幫你更具體掌握「追問思維」的全貌。

首先，我們簡單區分一下「照做思維」（What 型人才）與「追問思維」（Why 型人才）的差別。

「照做思維」重視的是那些具體可見、已經成形的東西，例如：實體的物品、被格式化並儲存的資訊或知識，或是我們每一次具體的行動。

相對地，「追問思維」關注的是這些表面現象背後的核心動機與意圖，也就是那些看不見的原因與背景。

我們對事物的看法與行動，會依據所採用的思考方式而有所不同。重視表象的人，會傾向形成照做思維；而著眼本質的人，則容易發展出追問思維。

接下來，我將逐一說明剛剛檢核表中的每一道題目，說明其背後的設計用意。

問題 1、2
面對現狀與規則，選擇順從，還是打破？

對於「照做型人才」來說，現有的規則與制度永遠是首要考量。他們總是優先遵守現成的流程與規範。這類人經常被稱為「手冊腦」，凡事按表操課，這樣的發想模式正是典型的照做思維（What 型思考）。

相對地，「追問型人才」的思維方式更具彈性。他們認為現行的規則與制度背後一定有其設立的背景與目的，但**如果現況已與當時不同，那麼就應該打破舊規則，重新制定更合時宜的新規則**。他們在面對操作手冊時，也不會照本宣科，而是會先掌握核心原則，再視情況彈性應對。

無論是工作還是生活，他們都不會盲從現狀或過往的前例，而是會依據當下的需要，適時做出調整與改變。（見第 02 章節）

問題 3
資料越厚越好，還是薄一點也沒差？

對重視具體形式的「照做型人才」來說，資料的厚度是關鍵，甚至可以說「重量、不重質」。

相反地，「追問型人才」更在意資料背後所傳達的訊息。他們認為，重點不在於寫了多少字，而是這份資料中，真正「有價值」的內容有多少。相對來說，**沒有價值的內容，即使寫得再多，也毫無價值**。（見第 02 章節）

問題 4

別人的成功經驗，是複製還是超越？

總是在尋找更好解法的追問型人才，不喜歡照搬他人做法。當他們看到其他人或其他企業的成功案例時，會**進一步思考「為什麼這樣做會成功？」或「有沒有比這更好的方法？」**他們相信，經過自己的理解與調整，一定可以做得比原本更好。

相對地，聽令行事的人傾向把眼前行得通的模式「照單全收」，一五一十地模仿。（見第 02、09 章節）

問題 5、6

過去經驗會照單全收，還是看現況調整？

如同問題 4 所提，「照單全收」這個說法，正好點出照做思維（What 型）的行為表現。隨著年齡增長，我們確實會累積越來越多經驗。這本身沒有問題，但經驗越豐富，越容易出現一種習慣：傾向直接把過去的做法套用在現在。

過去的成功經驗，可能因為情勢早已不同，變得不再適用，但我們卻依然執著；**過去的失敗經驗，可能在現在反而**

有成功的機會，卻因為一句「那以前試過了，不行」就輕易放棄，不再嘗試。（見第 02、09 章節）

問題 7
先照做，還是先釐清再回應？

這正是追問思維（Why 型）常見的行動模式：凡事先思考理由與背景。

舉例來說，當你接到主管交辦的任務時，你會立刻「照單全收」開始執行？還是會先停下來，思考「這件事為什麼要做」？

追問型的人，會為了釐清背後的真正目的與背景，先將問題「回問」一次。他們傾向在掌握來龍去脈後，再重新評估最適合的實現方式。而那個答案，可能與一開始接收到的指示截然不同。（見第 10 章節）

問題 8
接受標準答案，還是探索更好的方法？

照做思維（What 型）的人，習慣尋找唯一的「標準答案」。一旦出現一個明確的選項，他們就會感到放心。

相對地，**追問思維（Why 型）的人，會從選項背後的問題與目的出發，設想出多種可能的方案，再從中選出最理想的那一個。**

你可以想像以下這樣的情境：在商店裡，當店員向你推薦某項商品時，你會怎麼思考？又或者，當顧客指定要購買某個特定產品時，該如何應對？（見第 10、12 章節）

問題 9
遇到問題是先解決，還是重新定義？

照做思維（What 型）的人，通常是在被指定問題之後，才開始著手解決；解題的出發點來自於「被給了問題」。

相對地，**追問思維（Why 型）的人，會先提出質疑：「這個問題本身有沒有錯？」他們更重視「發現真正的問題」與「重新定義問題」的過程。**

對這類人而言，一旦能找出真正該處理的關鍵問題，並將它清楚地定義出來，問題其實就等同於已經解決了一半。（見第 13、15 章節）

問題 10

你擅長發問，還是覺得不自在？

或許你會困惑：這跟「照做思維」與「追問思維」有什麼關係？

當然，問題本身也能分為「照做型」與「追問型」。

本題的重點，在於「提問」這件事對你而言，是感到尷尬、最好能避免的行為，還是認為應該積極主動、不斷進行？

在照做思維的世界裡，「不知道」是一件丟臉的事。因此，發問等同於暴露無知，能不問就不問。

但對追問思維的人來說，「為什麼」並不代表無知，而是為了深入探究背後的邏輯與意圖。這類問題往往能引導出更本質的思考。對他們而言，「思考」正是從這樣的提問開始的。（見第 15 章節）

你是否已經掌握「追問思維」與「照做思維」這兩種思考模式的差異了呢？接下來，將透過實際職場案例，說明照做思維會帶來哪些問題，並進一步拆解其背後的運作邏輯。

第2章

放棄思考為什麼的職場盲點

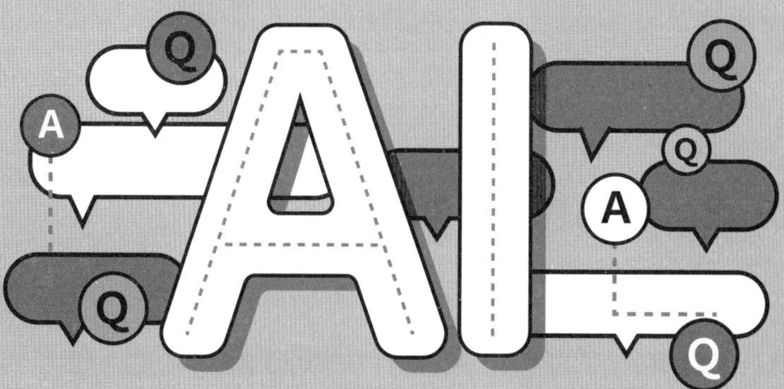

02 「只執行、不思考」的通病

在上一章節中，請你自我檢視：你的思考習慣是屬於善於追問的類型，還是習慣照做、不問理由的類型？

本章將接續這個話題，深入探討在職場上，「照做思維」可能引發的問題與風險。

前文提到，一種「只執行、不思考」的思維正在職場蔓延。接下來，我會透過各種商業場景的實例，帶大家理解這類思維會如何影響日常工作與決策品質。

通病❶　職場裡的「照做型人才」

在前一章中，已經檢視過「照做思維」的人，也就是所謂的「What 型人才」，那麼在實際的職場現場，他們會以什麼樣的樣貌出現呢？

顧名思義，他們的特徵，就是不假思索地「照著做」。這類人在辦公室裡的具體樣貌可能包括：

- **跑腿業務員**：客戶說「我想要○○（產品名稱）」、「你們的價格太高，我選別家公司」，他就全盤接受，照單辦理。出事後，不檢討自己的應對，而是把錯推給客戶或產品。
- **惱羞成怒的部屬**：主管交代「這份資料改成這樣」、「幫我查查○○」，他就機械式照辦。等主管改口說「這好像還是不對」時，他反而理直氣壯地抱怨：「你昨天不是這樣說的！」
- **死腦筋的人**：把規則和手冊視為唯一準則，毫不質疑，遇到特殊情況也完全不知變通。
- **愛潑冷水的主管**：對部屬的新提案一律回：「這以前試過了，沒用，不要做了」，直接否決。
- **傳聲筒員工**：人云亦云，別人怎麼說、媒體怎麼寫，就怎麼轉述，沒有自己的判斷，也不假思索就散播出去。
- **拿別人擋箭的人**：被問「為什麼會這樣？」時，只會回答：「○○說的」或「△△裡是這麼寫的」，彷佛只要有人講過，就不用再思考。

- **舉例當命令的人**：聽到別人說「舉例來說你可以這樣做做看」，結果把「舉例」忽略，直接把建議當成標準流程照辦。

通病❷　自說自話的簡報

日常工作中的會議與簡報，其實正是「照做不追問」這類職場毛病的溫床。這裡所說的「追問」（Why），指的是對「目的」的思考。

你可能會覺得奇怪：「開會或簡報怎麼可能沒有目的？」但事實上，這種狀況並不少見。

先從會議談起。最常見的情形，是會議一開始就有人拿出資料說明，大家便照著聽下去。但多數與會者其實並不清楚：為什麼要解釋這些資料？甚至每個人心中預設的會議目的各不相同，會議卻仍照常進行。

這場會議是為了「做決策」？還是「資訊分享」？是為了「激發創意」？還是「正式場合前的預演」？**根據目的不同，大家該關注的重點也會截然不同。**

很多時候，看似意見分歧，其實根源在於與會者對目的的理解根本不一致。直到會議即將結束，才有人疑惑地說：「咦？我們今天不是要討論那件事嗎？」像這樣的會議，等於白開了。

有些會議雖然會在一開始說明目的，表面看起來比較有方向，但如果列出的目的只是「〇〇報告」、「××審查」，那其實只是把議程項目當成目的，並沒有真正思考「我們為什麼要做這場會議」。**這正是典型的「盲目照做」現象：誤把「內容」當成「目的」，卻渾然不覺。**

其中最典型的例子，就是「例行會議」。這種每週自動召開的會議，經常是「先有會議，再來找內容」，正是「照做文化」最容易滋長的溫床。

再來看看簡報。不論是對客戶還是內部簡報，常見的情況是講者將「把資料說清楚」或「強調產品優勢」當成簡報的目的。然而，**真正該思考的是：你希望聽眾在簡報之後產生什麼行動或改變？這才是「追問思維」的核心。**

但實際上，許多簡報只是照著投影片念稿，彷彿聽眾不存在。只要稍加觀察，就不難發現這種「缺乏聽眾意識」的簡報比比皆是。

更極端的例子，就是「自說自話型簡報」：講者不斷炫耀公司技術有多先進、產品多厲害，卻完全不顧聽眾是否理解或在乎。從頭到尾只站在自己的立場說話，即使秀出一堆技術規格和競品比較，對聽眾來說可能完全無感；強調公司業績或資歷，得到的卻是聽眾一臉「所以呢？」的反應，而講者卻絲毫未察覺。

這類簡報的共通點，是講者將焦點放在「說明本身」，而忽略了與聽眾的互動與目的導向。說得極端一點，如果你的目標只是「把話說完」，那你去非洲草原對著斑馬念一遍也行——畢竟，「說明」只是手段，從來不是目的。

通病❸　先例至上主義

「只會做、不懂思考為什麼」的第三種典型症狀，是「先例至上主義」。

在歷史悠久、文化保守、重視規矩，或以傳統業務為核心的組織裡，最有分量的，往往不是當下的合理性，而是「過去的經驗」。每當有人想推動新做法，最常聽見的質疑是：「這以前有人做過嗎？」「有成功過的案例嗎？」

這類組織中的人，潛意識裡相信，商業的根基是過去建立的實績，以及由此累積的信任。這個觀念本身並不錯，但真正的問題是，每次面對創新提案，都急著查詢「有沒有前例」、「別人怎麼做」，只要查無實績就直接否定，這種態度本身就是自我矛盾。

延續至今的做法，其實重點從來不在於「做了什麼」（What），而是背後的「為什麼」（Why）。但多數人往往忽略了這個關鍵。

再舉例來說，預算編列或定期活動的規劃，每年反覆執行的流程中，最常聽見的就是：「照去年那樣就好。」這類看似理所當然的說法，其實根本談不上理由，卻最能讓人無異議地接受，實在令人玩味。

造成這種現象的主因之一，是「這樣做比較省事」。所謂「以前就這麼做」，其實只是描述一種現象，稱不上理由。真正了解「我們為什麼這樣做」的人，究竟有多少？而這種以「前例」當作擋箭牌、順勢卸責的習慣，也正是「照做而不追問」的病根難以根除的原因。

正如我在前言中所說，在大轉型時代，那些過去被視為「資產」的東西，往往會悄然變成「負擔」。一件事，究竟仍是資產？還是早已成為組織的絆腳石？**解答的關鍵，在於**

是否願意追問那個「為什麼」。而最棘手的問題，是那些早已習慣「只做不問」的人，連提出這個問題的意識都沒有。

通病❹　成功和失敗經驗的誤用

在「先例至上主義」的延伸下，「照做型人才」的另一種典型行為模式是：「成功經驗就照抄照做，失敗經驗就永不重蹈覆轍」。這一點在前章的檢查清單中已經提過。現在讓我們將這種模式套用到企業組織的情境來思考，其實比起個人，這類現象在企業等團體中往往更為明顯。

說明這種現象時，有一本經典的管理書籍常被拿來作為例證，由密西根大學羅斯商學院教授普拉哈（C.K. Prahalad）和倫敦商業學院教授蓋瑞・哈默爾（Gary Hamel）合著的《企業核心能力》（*The Core Competence of the Corporation*）。書中提到一個極具說服力的案例，完整呈現了「只問做了什麼、不問為什麼」的組織病灶，並將問題具體對應到「組織記憶」的運作機制，詮釋得相當深刻。我自己也常在演講或課程中引用這個案例來說明相關概念。

以下雖然篇幅稍長，但我將原文內容節錄出來，作為說明的引子：

圖表 2-1　猴子與香蕉實驗示意圖

有一天，朋友跟我分享了一個關於猴子的實驗（見圖表 2-1）。

研究人員將四隻猴子放進一間房間，房間中央立著一根高高的柱子，柱頂吊著一串香蕉。一隻飢腸轆轆的猴子立刻爬上柱子，試圖去拿香蕉。正當牠的手好不容易碰到香蕉時，天花板上突然灑下冰冷的水。猴子驚叫一聲，放棄香蕉，匆忙下來。

接著，其他幾隻猴子也陸續爬上柱子想去拿香蕉，每次都被冷水澆下來，只能空手而回。這樣的情況重複了幾次之後，牠們終於不再試圖接近香蕉，選擇放棄。

這時，研究人員將其中一隻原本的猴子換出，再放入一隻全新的猴子。這隻什麼都不知道的新猴子，一看到香蕉就要往柱子上爬，結果馬上被其他三隻猴子聯手拉下來。牠們等於是在對新猴子「勸告」：不要爬柱子。新猴子每次嘗試都被制止，從來沒被冷水淋到，但牠最終也放棄了爬柱子。

接下來，研究人員一隻一隻地將原本的猴子全部替換，每次都加入新的猴子。每次換入的新猴子一想爬柱子，就會被其他猴子勸阻。這些後來加入的猴子，沒有一隻真正經歷過冷水，但全都接受了「不能爬柱子」這件事。他們當中，沒有任何一隻知道背後的原因，卻仍然努力遵守從夥伴那裡接收到的行為規則。

即使天花板上的灑水裝置早已拆除，這些猴子依舊沒有人嘗試再爬上柱子。

> 我們並不是在批評管理者像猴子，而是想指出：即使產生先例的背景早已改變，尊重先例的習慣仍有可能繼續存在於公司的經營方針、管理流程或員工訓練之中，並深深影響著組織的行動模式。

你讀完這個故事後有什麼感想呢？對於那些文化較為保守的老牌組織，或是特別強調規章制度、偏向「官僚型」的單位來說，類似的情況應該屢見不鮮。相信不少人心中都會浮現「這種事我們那也有」的共鳴。

事實上，企業內往往累積了大量來自過往成功與失敗經驗的教訓，這些經驗以所謂「潛規則」的形式被保留下來。但問題在於，這些經驗背後的脈絡與原因（也就是 Why），往往早已隨著當事人的離開而消失殆盡，不僅無法有效傳承，甚至沒有人察覺其存在。

雖然有些企業嘗試透過「知識管理」將這些潛規則轉化為明確可用的資料，但實務上仍常常難以完整掌握，結果就像「猴子與香蕉」的故事一樣，組織只剩下對行為的模仿，卻早已遺忘了最初的理由。

通病❺　只從「設計者角度」出發的商品

在新產品開發現場，經常可以看見這樣的情況：只看技術細節，卻忽略了背後真正的理由。**我們可以把構成商品的各項技術與構想，視為產品的「起點」；而顧客真正的需求，才是最終的「目的」**。企業投入研發，原本應是為了將技術轉化為能滿足顧客、具備市場價值的商品。然而，現實中許多研發人員往往沉迷於技術突破，反而忽略了使用者的立場。這讓人不禁想問：這樣的開發究竟是為了什麼？

當然，新技術的潛力常常只有開發者最清楚，因此以技術作為出發點的產品研發並不少見。事實上，許多成功商品，往往來自研發人員全力以赴、不為迎合市場而妥協的投入。但這些產品之所以能成功，是因為它們不僅展現技術實力，更觸及了顧客尚未被明確表達的深層需求。無論這份契合來自偶然還是精準判斷，都對應了市場真正的渴望。

相反地，那些脫離顧客需求、只靠技術單打獨鬥的開發案，即使表面創新，也往往無法真正走進市場。只要與終端使用者失去連結，不論直接或間接，成功的機會都極為渺茫。

通病❻　流於形式的手冊與範本

在企業或組織中，歷史越久、規模越大，往往會衍生出越來越多的規定與流程，為了因應這些運作需求，也會隨之建立各式各樣的作業規則與操作手冊。然而，這些制度本身，也容易淪為只重形式、不問實質的溫床。特別是那些多年未曾更新、早已與現況脫節的規範，更容易出問題。

這些規則與手冊之所以出現，往往都有其正當理由，例如：為了防範曾發生的錯誤再次重演，或是配合法規變動進行調整。**然而，一旦這些內容被制度化，就很容易在實務中逐漸變質，最終淪為「本來是手段，卻被當成目的」的操作**。即使外部環境早已改變，這些規則早就不合時宜，組織內卻仍常見員工花費大量時間遵守這些流程，只因為「規定就是這麼寫的」。

舉個常見例子：即使如今已是數位化時代，某些單位的工作流程仍圍繞著實體蓋章，一份文件要完成流程，可能需要好幾人逐一蓋章確認，彷彿在進行「蓋章接力賽」。這些繁瑣的手續明明可以簡化，卻很少有人會去質疑。只要回頭問一句：「為什麼非得這樣做？」就可能會發現，其實早有更有效率的替代方式。

類似情況，也常出現在職場中使用的文件範本上，像是報告書、議事錄、企劃案等日常工作常見的文件，為了降低錯誤與提升效率，通常會導入統一格式的範本。原本的用意，是希望任何人都能依照範本流程完成工作，不遺漏重點。但實際操作中，這些範本常常變成了形式主義的代表：大家只顧著把所有欄位填滿，卻忘了這份文件的本來目的。即使某些欄位根本不需要填寫，仍會為了「不能空著」而花費大量時間進行查找與確認，反而讓整體效率下降，流於形式。

通病❼　沒有核心訊息的文件

「只看表象、忽略本質」的問題，也常見於企業內部的各類文件。**像是資訊繁多卻毫無重點的企劃書，讓人看完仍不明所以；又或者被他人轉用時，使用方式與原先設計的初衷完全不符。**

這裡的關鍵詞是，「脫離原意地被單獨使用」。文件若缺乏背景脈絡與說明，只讓人依據表面文字理解，是相當危險的。舉例來說，若有人說「把那份資料傳給我」，你就照做了，結果某天發現那份文件竟被用在截然不同的情境中，甚至違背原本目的，這樣的情況並不少見。

圖表 2-2　這張圖表的意義是什麼？

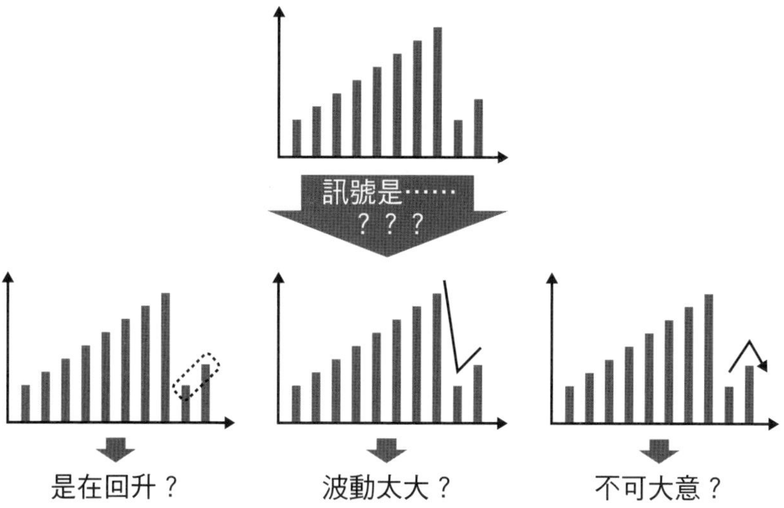

就算是一張圖表，也可能衍生出多種解讀方式（見圖 2-2）。假設這是一張呈現某商品銷售變化的圖表，究竟可以說明什麼？端看你選擇強調哪一段、採用什麼觀點，就可能得出不同結論。

舉例來說，「兩年前的下滑在去年已出現回升」或「該商品波動劇烈、風險較高，須更靈活管理庫存」，也可能是「雖然去年回升，今年恐怕不樂觀」。關鍵在於，你使用這張圖表時，究竟想傳達什麼訊號？這個「核心訊息」（Why）應當清楚明示。

實際上，不少資料雖附有大量圖表與表格，卻讓人看完只想問一句：「你到底想說什麼？」這正是「只重形式、不問意圖」的問題，在各種文件細節中仍屢見不鮮。

03 為什麼現在特別需要「追問思維」？

環境劇變，思考方式也得轉變

前文已說明「只懂執行、不思考為什麼」的常見問題。不過，「為什麼」這個提問，其實自古以來就是理解問題本質的關鍵。比方說，在製造業的現場改善中，就常聽到「要連續問五個為什麼」這樣的建議。

那麼，除了這類長久以來就被重視的理由，為什麼現在尤其需要培養追問思維？可以從兩個關鍵環境變化來理解。

第一個變化，是全球的處境。

二戰後，日本創造了近乎奇蹟的經濟成長，其成功模式可以說是「向歐美取經、迅速學習」，再結合日本人特有的細膩改良，建立競爭優勢。像汽車、家電等指標產品，其原理與概念多來自歐美，再根據使用者需求進行微調，並透過製造流程的最佳化來降低成本，打造出所謂的「營運卓越」，進而在國際市場脫穎而出。

然而，如今這套模式的優勢正受到中國、台灣等新興國家的挑戰。再加上日本勞動成本居高不下，想延續過去的成功經驗，顯然已面臨瓶頸。

同時，網路的普及也徹底改變了商業樣貌。從「在地轉向全球」、「有形轉為無形」到「產品競爭轉為平台壟斷」，成功條件全面轉移，且這些領域恰好是日本企業一向不擅長的。換言之，**如果思考方式不轉變，日本的全球影響力將備受威脅**。

在這樣的局勢下，**我們不能只從現有資源或眼前選項出發，更需要從根本原因切入、為未來預作思考，進行更深層的本質推演**。這正是追問思維不可或缺的理由。

第二個變化，則是資訊環境的劇烈轉變。

現在，即使毫無專業背景的人，也能透過搜尋引擎快速取得表面知識與方法。但這些知識與資訊，因為人人都能取得，已不再具備差異性。

此外，網路資訊未經篩選，良莠不齊。這意味著，我們不能只是「照抄照貼」，而是必須讀懂脈絡與背景，看出資訊的「言外之意」。

如果只是複製貼上、原封不動地套用，不僅無法創造價值，甚至可能因誤解而誤判情勢。**資訊與知識固然重要，但更關鍵的，是能依目的變化、靈活運用的思考力。**

這些就是為什麼現在特別需要追問思維的主要原因。在本章結尾，我們將整理出：哪些情境適合採取行動導向（What 型），哪些狀況更適合進行本質提問（Why 型）。相信你會發現，隨著環境劇變，具備追問思維的人正變得越來越稀少。

什麼樣的職場，特別需要追問思維？

接下來，讓我們從更細緻的層面來看看：在什麼樣的職場環境中，特別需要追問思維。當然，也有一些職場，即使只用照做思維也能勝任，甚至更受青睞。因此，本節將透過兩者對比，釐清在哪些情境下，追問思維更加重要，也更容易被培養。

先從工作內容來說。對於每天執行固定任務、要求穩定產出的例行工作來說，也許只需按照指示行動的照做思維即可。但若工作內容較為彈性、狀況多變，就更需要經常回到「為什麼要做這件事」、「目的究竟是什麼」，再主動判斷方向。所謂的「例行工作」，其實往往也潛藏著尚未被發掘的機會與價值。

再看組織類型。傳統企業或大型公司通常有長久的歷史積累，思考模式也多半沿襲過往慣例，因此在這些環境中，照做思維往往較受認可。在這樣的職場，經常追問「為什麼要這麼做？」的人，可能反而被視為麻煩製造者。公司內部的「主流部門」更容易呈現這樣的氣氛。相對地，**在經營不久的新創公司，或是大型企業內的新事業部門、非主流團隊，因為面對的多是非例行工作，追問思維反而更為重要。**

另一種情況，是職場本身以「嚴格執行上級指示」為核心。例如需要嚴守法令規章的工作，或是講求階級秩序、服從文化濃厚的組織（例如：軍隊式管理風格），在這些地方，「照做就好」的人往往更容易獲得肯定，也容易形成以照做思維為主的職場文化。相對地，**若是一個將規則視為工具、鼓勵靈活應變、看重成果的職場，或是一個透過自由討論而**

非上下關係來做決策的組織文化，就更容易吸引與培養具備追問思維的人才。

總之，在照做思維較強的職場中，若不保持覺察，就很容易不自覺地成為「只會照做的人」。也許有人會認為「這樣也沒什麼不好」，但如前所述，現今越來越多工作環境都正在轉向追問思維的需求。因此，過去以聽令為主的職場，也更有必要主動培養這樣的能力。

最後，不妨來試著進行一個小練習：針對本章所提到的各種問題，若能運用追問思維，我們可以如何應對與轉化？接下來幾章會一一介紹具體方法，但在此，也請你先寫下自己的想法。你也可以選擇在讀完整本書之後，再回頭進行這個練習。

情境練習❶ 遇到客人殺價，該怎麼回應？

顧客說：「價格太貴了，可以便宜一點嗎？」若用追問思維，該怎麼看待這句話？

如果只是直接回應要求，大概會回：「我們來考慮看看降價，您希望降多少呢？」但如果運用追問思維，會怎麼思考？

情境練習❷ 如何避免「自說自話」的簡報？

若你準備做一場簡報，但一開始就打算大談公司規模有多大、產品性能有多好，身為追問思維的人，應該先做些什麼？

情境練習❸ 怎麼看待一成不變的預算與例行會議？

對於每年都照列的預算項目、每月定期召開的會議，追問思維會提出什麼樣的看法或建議？

情境練習❹ 擁有追問思維的「新猴子」會說什麼？

如果那隻「剛加入的猴子」具備追問思維，當三隻前輩猴子阻止牠靠近香蕉時，牠可能會怎麼問？怎麼說？

情境練習❺ 如何從顧客的角度，重新設計訴求？

像「CPU 效能提升〇%」「相機畫素升級至〇〇」這類產品功能說明，若用追問思維站在顧客角度思考，訴求的重點應該怎麼轉換？

不是規格多強，而是顧客實際能有什麼不同感受或改變？

情境練習❻ 遇到僵化流程，該怎麼問？

如果你被其他部門的人告知：「這份文件一定要印出來蓋章才可以。」

身為追問思維者，你會怎麼看待這樣的規定？會怎麼提出問題？

情境練習❼ 如何讓圖表有清晰的重點？

你會如何運用第 02 章節的圖表 2-2？又會從中提煉出什麼關鍵訊息？追問思維的觀點會怎麼切入？

第 2 章　重點摘要

- **「只執行、不思考」的通病，這些是幾個常見的表現。**

  1. 只會照做
  2. 自說自話的簡報
  3. 先例至上主義
  4. 成功和失敗經驗的誤用
  5. 只從「設計者角度」出發的商品
  6. 流於形式的手冊與範本
  7. 沒有核心訊息的文件

- **因應環境劇變，職場正從重視「做什麼」的執行導向，轉向強調「為什麼要做」的追問思維。**

對比項目	照做思維（What 型） ⟷	追問思維（Why 型）
有無「標準答案」	有標準答案	沒有標準答案
有無前例可循	有前例可依	無前例可參考
對未來的預測	有明確方向，才能前進	即使未來難以預測， 也能持續前行
知識與資訊的定位	靠「知道答案」 來凸顯能力	人人都能查到答案， 差別在能不能問出好問題、 做出好決策

- 在這些職場環境中，原本就同時需要「追問思維」與「照做思維」，但隨著整體環境變化，對追問思維的需求正日益增加。

對照項目	照做思維（What 型） ⟷	追問思維（Why 型）
業務內容	制式化業務	非制式業務
組織型態	傳統型組織（如大企業）	新組織（如新創公司）
公司文化	官僚式	創業家導向
部門性質	主流部門	非主流部門
對規則的定位	遵守規則是目的	遵守規則是達成目的的手段
階級關係	嚴格（如軍事文化）	寬鬆（如社團文化）

第3章

什麼是「追問思維」？

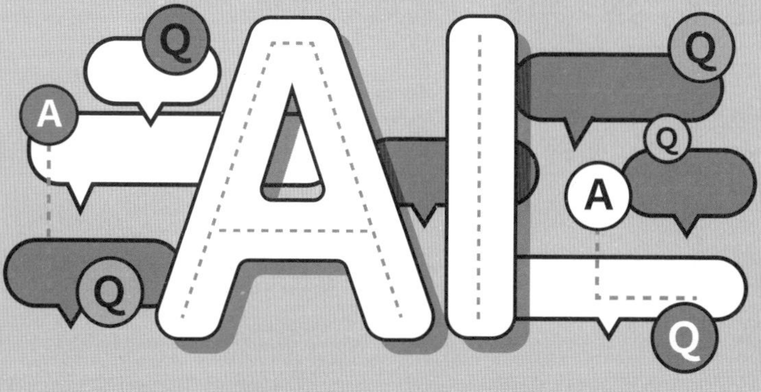

04 「為什麼」與「什麼」，有什麼不同？

這章節將說明本書的核心——「追問思維」的定義。

我們將釐清「追問思維」（Why 型思考）與「照做思維」（What 型思考）各自的意涵，並透過兩者的比較與生活中實際情境的對照，幫你具體理解它們的差異。

「追問」與「照做」究竟是什麼？

首先，我們將釐清本書中「追問思維」所關注的 Why，以及「照做思維」所對應的 What，各自是什麼意思。接著，也會回頭整理前一章節中提到的具體案例，歸納出兩者背後的共通特徵，進一步說明 Why 與 What 之間的根本差異。

字面上，Why是「為什麼」、What是「是什麼」，這些用法大家並不陌生。但在本書中，這兩個詞將被放在更宏觀、更深入的層次來理解。

我們先從Why談起。「為什麼」這個問句，是用來釐清一件事情發生的原因。因此，在本書中，Why所代表的，是那些無法直接觀察到的背景、動機或深層原因。相對地，What則指的是具體的事物、可見的表面現象，或是已經表現出來的一項項行動與結果。

從時間軸來看，若將這層定義套用在過去與現在，Why就是導致某個結果（What）的原因；放在未來，則是引導實踐手段（What）的目的。換個角度來說，What是已經表現出來的現象，Why則是潛藏在背後的核心本質。

舉例來說，若將個人的各種行動視為What，支撐這些行動的原則、想法或價值觀，就是Why。又或者，若將制度、規則或作業手冊視為What，它們之所以會被設計出來的動機與脈絡，就是Why。總結來說，本書所說的**「追問思維」，是一種透過思考、深入表象、逼近本質的思維方式；相對地，「照做思維」則是一種停留在表面、缺乏深入思考的狀態。**

接下來，我們也可以從幾個特徵進一步對比Why與

What。首先，**What 是可見、有形且具體的；而 Why 則是不可見、無形且尚未具體化的**。相較之下，What 傾向穩定、固定的形式，Why 則較為柔軟、有彈性。

另一個關鍵差異是：Why 與 What 並非一對一的對應關係，而是「一對多」。也就是說，**一個 Why（目的）可能對應多種 What（執行方式）**。舉例而言，明確的目的，往往能衍生出多種不同的實現途徑。

本章最後將整理一張 Why 與 What 的對照表，協助你釐清概念、整理思路，也可作為日後的複習工具。接下來，則會透過具體實例，進一步說明兩者的差異與實務應用。

What 是「人偶」、Why 則是「幕後推手」

前文提過，What 與 Why 的關係，可以想像成「人偶」與「幕後推手」的關係。站在觀眾視角，我們所看到的是那些被操控的人偶，也就是 What；而真正驅動這些人偶行動的那個隱身在後的推手，就是 Why。

用另一種比喻來說，這就像一個在台前行動的機器人（What）和遠端操控的使用者（Why）之間的關係（見圖表 3-1）。透過這樣的隱喻，你應該更能掌握 Why 與 What

的差別：What 是結果，是表象，是可見的行為；Why 則是原因，是本質，是背後看不見的驅動力。

圖表 3-1　機器人與操控者的關係

前文提到，Why 與 What 並不是一對一的對應，而是一對多——一個 Why，常常可以衍生出許多種不同的 What。

總結來說，如果我們以「照做型人才」和「追問型人才」來對比這兩種思維模式，那麼**照做型人才的特徵是：看到人偶動了，就馬上做出反應，並且每個動作都個別處理；而追**

問型人才則會意識到：這些動作背後一定有個更根本的驅動原因，那才是他們真正關注的對象。

分清表象與本質：看見看不見的事

「What」指的是我們眼前實際能看見的事物；「Why」則是藏在背後、我們無法直接感知的動機與原因。以下舉幾個具體例子，幫助你理解這層差異。

你是否也曾遇過這種情況：主管今天的指示、客戶今天的要求，怎麼跟昨天完全不同？這種突如其來的變化，往往源自幕後的真正決策者──可能是主管的主管，也可能是客戶背後的客戶。這些人雖然未曾現身，卻主導了表面上的命令與改變。等到真相水落石出，你才會恍然大悟：「原來是這麼一回事！」

在這樣的情境中，主管是你所面對的表面指令來源（What），真正做出決策的上層，才是背後的動機與原因（Why）。同樣地，與你對接的客戶是表象角色（What），真正掌握關鍵需求的，則是背後的真正推手（Why）。

再舉幾個日常例子：你開車時遇到塞車，眼前排隊的車陣只是表象（What），真正導致堵塞的，往往是前方的事故，才是背後的原因（Why）；年輕同事上班時頻頻打瞌睡，表面看起來只是疲倦（What），實際上可能是家庭問題導致長期失眠（Why）。這些情況中，眼前所見只是表象，真正牽動結果的，是藏在後面的原因。唯有看穿表象，才能找到真正的解方。

這層差異，也可以從五感的角度來理解。以聽覺為例，耳朵聽見的話語，是明確可感的內容（What）；而話語背後的動機、脈絡與真正的意圖，才是真正的驅動力（Why）。總結來說，凡是我們能以五感直接感知的，是表象（What）；那些不容易察覺、卻深刻影響事情走向的，才是本質（Why）。換句話說，**身體的眼與耳感受到的是表象（What），而心靈的眼與耳，才能看懂背後的本質（Why）**。

這種「能否看見」的差異，也反映在不同職業類型上。你會聯想到哪些最能代表「追問思維」的人物？他們多半是哲學家、數學家、物理學者，或像圍棋、將棋的職業棋士。他們的特徵從來不是光鮮亮麗的外表，而是對本質問題的深刻洞察。比起照鏡梳妝，他們更願意花時間梳理概念與思路。

你也許會想到推理小說中的角色——像金田一耕助、神探可倫坡，他們外表樸素，卻擁有敏銳的洞察力。當然，也有如福爾摩斯、白羅那樣風格強烈、講究儀容的偵探。但無論形象如何，他們都有一個共通點：能穿透表象（What），看見真相背後的邏輯與動機（Why）。

事出必有因：每個表象背後都有脈絡

如果要更具體說明「結果與原因」的關係，可以從以下的邏輯來理解。

當我們仔細觀察日常生活中發生的種種事件，就會發現：**那些出現在表面的現象，背後往往都有一套隱藏的脈絡與原因**。比方說，報紙或電視新聞中每天報導的事件，就是我們所看到的表象（What）；而支撐這些事件發生的原因與背景，才是真正的成因（Why）。

在商業世界也是如此。企業每天的業績變化，例如銷售額、成本的增減，都屬於我們能直接觀察到的表象；而導致這些數字波動的背後，則必定有其原因，可能是顧客需求改變、競爭對手正在進行促銷、匯率浮動、原物料價格上漲……

可以這麼說，每一個具體的事件或狀態的當下快照，就是表象，而驅動這些狀態變化的背景與邏輯，就是背後的原因。

在第 1 章的開頭，我曾提到：凡事照章行事、嚴格遵守規定的，是「照做思維」的人。這裡的操作手冊與規則本身，就是表象；而制定這些規範當時所根據的情境、理由與判斷，才是背後的原則與目的。

05 思考「表象背後的本質是什麼」

看得多深，就看得多透

前文談到「表象」（What）與「本質」（Why）的差異。簡單來說，「表象」是我們眼前看得見的現象，而「本質」則是藏在背後、看不見的動因。從位置來比喻，表象發生在我們面前，容易辨識；而本質則像是在一堵牆的另一側，必須透過思考與觀察才能察覺。

但我們真的能看見「背後的那一面」嗎？這些看不見的 Why，在日常生活中究竟以什麼樣的形式出現？接下來，讓我們透過具體練習來檢視：你是停留在表面，還是已經看穿了底層邏輯？

請看以下兩段對話，思考其中說話者「真正想表達的話」（Why）是什麼，而不只是表面上說出口的內容（What）。

情境練習❽ 對方在忙，還是不想接電話？

推銷員：「不好意思，您現在方便講電話嗎？」

接電話者：「我現在在忙，不太方便……」

情境練習❾ 主管要開除部屬，還是只是警告？

部屬：「不好意思，我又把報價金額弄錯了。」

主管：「你這個笨蛋，給我滾，馬上離職！」*

只要不是特別遲鈍的人，大多都能察覺——眼前的對話表面下，往往藏有對方沒說出口的真實意圖，就像牆另一側的聲音。

情境練習❽中，接電話者真正的想法（Why）可能是：「這通電話八成又是賣房子的推銷，我沒興趣也沒錢，只想早點掛掉。」

---

* 在新版序中提到，如今只要說錯一句話，就可能被貼上「職場霸凌」的標籤。書中案例顯示，即便說話的人自認毫無惡意，仍可能在不知不覺中造成傷害，而這種「無自覺」，或許才是真正需要被看見的問題。

情境練習❾中，主管話裡的真正訊息可能是：「你趕快把工作做好！」或「我對你是有期待的，拜託再認真努力一點！」

如果連這樣的對話都無法理解對方的潛台詞，那恐怕真的就是「讀空氣」的能力出了問題（雖然也偶爾會出現笑話，比如新進員工隔天真的不來上班了）。

就像這些例子，**我們每天說出口的話、做出的行為背後，幾乎都藏有其他意思**。但若平時沒有特別注意，就很容易錯過這些關鍵訊號。這也正是「追問思維的人」與「照做思維的人」之間最大的不同。

「太貴，所以不買」背後的原因是什麼？

有時候，我們並沒有意識到背後真正的 Why。請試著思考以下這個情境練習，看你能不能發現，所謂的「太貴」，真的是問題的核心嗎？

情境練習⑩ 價格只是藉口，還是另有原因？

業務員：「我之前給的提案，不知道您考慮得如何？」

客戶：「真的不好意思，我們最後因為價格的關係，選了別家。」

假如你是這位業務員，聽到客戶的這樣回覆時，會怎麼看待？

多數人可能會直接相信對方的話。於是，可能心想：「果然，我們的產品就是太貴，缺乏競爭力。」或者抱怨：「要是公司願意讓我給多一點折扣，就不會輸給對手了。」這種想法，等於把商談失敗的責任，推給只會做高價產品的設計與生產部門，或是拒絕降價的主管，而不是檢討自己哪裡做得不夠。

但請試著想一想，客戶這句話的「背後」是否還有其他更真實的原因？這時，不妨換個角度，想像自己是「買方」，會有什麼行為與反應：

- 如果你是因為「不喜歡這位業務員」而不想買單，你會坦白告訴對方嗎？

- 如果你其實很喜歡這項提案，只是預算有點不足，你會立刻放棄、轉而選擇「價格剛好」的其他公司產品嗎？至少，應該也會想辦法問問對方有沒有其他方案吧？請回想自己曾經很想買卻預算不夠的東西時，是不是也努力爭取過？
- 當你不想讓對方繼續追問時，「價格太貴」是不是一個最方便的拒絕藉口？
- 不希望別人繼續打探原因時，藉口「價格太貴」其實是一個「容易拒絕對方的理由」？

這樣一想，你就會發現「因為價格所以不買」這個理由，其實很值得懷疑。說不定真正的原因，反而是以下這些可能：

- 客戶不喜歡業務員的態度。
- 相較於其他公司，雖然價格高，但卻沒有提供足以說服對方的功能或方案（也就是性價比不高）。
- 其他公司的提案，不只價格更具吸引力，內容也更符合需求，甚至提出了一些客戶原本沒想到的解法。
- 牽涉的內部人員太多、過程太繁瑣，說明來龍去脈太麻煩。

- 該業務員的主管以前曾犯過錯，導致公司被「列入黑名單」。
- 出於「內部政治因素」（例如高層指定），雖然不好說出口，但其實早就決定好選擇其他公司。

這些「背後的理由」往往才是真正的關鍵（見圖表 3-2）。其實這位業務員也還有很多自己能補強的部分，例如更了解客戶的需求、更早取得決策資訊等等。但一旦把

圖表 3-2　只看表面的人，無法想像牆後有什麼

「價格因素」當作唯一理由，就會停止思考，錯失精進的機會。

也許你會反駁：「有時，像是競標這種情況，真的就是價格說了算。」的確，有些商品與情境，確實如此。但即使在這樣的條件下，仍值得反思一件事：如果除了價格，真的找不到任何可區別的價值，那麼說穿了，這樣的商品根本不需要業務員。單純的價格比較，只需要超商或電商平台就能完成，未來也勢必朝這方向發展。

換句話說，只要是「需要業務員參與」的買賣，就幾乎不會真的單純因為「價格太高」而失敗。真正的問題，往往是我們太快接受了那個看似合理的藉口，而忽略了背後更值得追問的「為什麼」。

一旦把責任歸咎給價格或他人，自己的學習與成長也會隨之停滯。反之，若願意相信其中還有自己能做的努力空間，試著探問客戶顯性與隱性的動機，你不只會提升商談成功率，也會成為更有洞察力的業務員。

在這個世界裡，對「滾吧！混帳東西！」這種極端回應能保持距離感的人不少，但卻對一句「因為價格太高」選擇照單全收的人，比你想像得還多。

思考主管「反覆無常」的背後考量

接下來，讓我們以「主管與部屬」的互動關係為例，思考另一個練習題。

情境練習⑪ 如果你是這個部屬，你會怎麼做？

你是否有過類似的經驗？

- 主管突然交代：「上次說的那個新產品企劃書，明天前要做好。」於是，熬夜趕工，結果第二天他說：「我看那個還是下禮拜再做好了。」
- 收到主管對資料格式鉅細靡遺的意見，於是一字一句照著修改，結果他又給了完全相反的意見，有時還會說：「還是改回原來的版本。」

在這些例子中，主管的指示「背後」可能有什麼因素呢？

相信你也曾有過這樣的經驗，因為對方說法反覆，讓你一度理智斷線。

關鍵在於：你是照著主管說的話（What）立刻執行，還是會先思考其背後的真意（Why）再行動？這兩者之間，往往會造成效率上的巨大差異。

第一個例子中，主管當下的指示背後，可能來自他的主管、隔天的重要會議，或是預定要拜訪的重要客戶。如果能掌握這些「究竟是為了什麼」的背景，就能預判資訊的精確度要求、日程變動的可能性，進而在有限時間內產出更貼近需求的成果。

第二個例子中，主管不斷修改的真正用意，很可能是「希望資料更容易讓目標讀者理解」。只要理解這個 Why，就能設身處地站在讀者角度思考，進而提出比原指示更佳的改善方案，自然也會更受主管肯定。畢竟，讀者如果是只關心重點的董事，或是對數字吹毛求疵的管理部，又或者在意行銷效果的業務部，資料的呈現方式自然也會大相逕庭。

像這樣的情況，**我們經常聽見：「主管老是改來改去，真令人煩躁。」其實，這句話正是「只看表面、不問原因」的代表用語**。大多數時候，並不是主管真的朝令夕改，而是部屬沒有抓到背後的 Why。如果只看「表象」這個被操作的機器人，當然會覺得一切隨時都在變。但一旦掌握了操縱這個機器人的「遠端遙控器的原理」，就會發現一切其來有自，並不難理解。

那麼，或許我們可以從今天開始練習：不再說「主管反覆無常」這樣的話。每當你產生這種情緒、快要爆發時，請讓思緒停一下，試著問自己：「為什麼？」然後把那股能量轉為啟動思考，而不是發洩怒氣或抱怨連連。這個轉換，就是通往追問思維的第一步。

我們到這裡談的，都是從「眼前的表象」（What）進一步思考其背後的「本質」（Why）。（見圖表 3-3）這樣的練習，將幫助你更貼近問題的核心。

圖表 3-3　掌握「表象」背後真正的「本質」

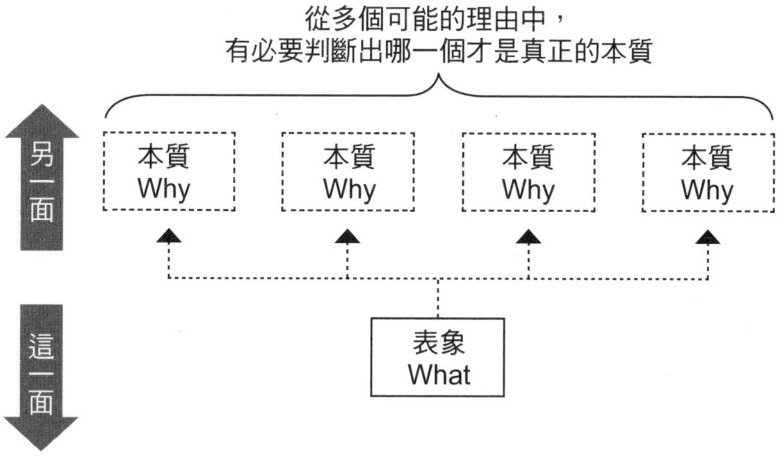

但現實狀況往往更複雜。有時候，太急於「深究牆後的理由」，反而會讓人誤判情勢。不是每次都要解讀 Why；有時照字面理解會更準確。而當我們開始捏造出一個「對自己有利」的理由時，也可能陷入「扭曲的正向思考」，離真相越來越遠。因此，學會何時啟動、何時收手，也是一種靠經驗培養的智慧。

練習看見背後的「為什麼」

作為前面內容的複習，現在請練習一件事：從你直接看到或聽到的「表象」（What），試著思考背後那看不見的「本質」（Why）是什麼。

接下來情境練習列出的一些話語，全部都屬於「表象」，不是「本質」。請思考每一項可能隱含的「本質」是什麼。至少列出一項，但更理想的做法是設想多種可能，畢竟探究「本質」必須以對方為起點，所以我們的任務不是找出標準答案，而是建立合理的推測，從各種角度盡可能想出不同情境下可能存在的「本質」。

基礎篇

這些例子，許多人即使未曾思考，也早已在潛意識中理解了真正的理由。請嘗試跳脫直覺反應，重新探問這些話語背後真正的「動機」是什麼。

情境練習⑫ 對方說討厭你，是真的嗎？

當交往對象遲到又忘記約定，對方生氣地說：「我最討厭你了！」

提示：如果這句話是字面上的意思，那應該要立刻分手吧？

情境練習⑬ 指定禁菸區，為什麼又再問一次？

餐廳店員帶客人入座禁菸區，客人隨後卻問：「這裡是禁菸嗎？」

提示：如果客人沒忘記自己剛剛說的話，那這句話想表達的會是什麼？

情境練習⑭ 「別再來了」的真意是什麼？

客人出了差錯，氣得說：「你以後別再來了！」

提示：真心不想再見面的人，還會這麼生氣地表達嗎？

應用篇

這些話語常見於工作現場，但許多人往往只看到表面、機械反應，成為只會照做的「命令接收器」。請練習轉向探問：「背後的真正目的是什麼？」光是養成這樣的習慣，就足以大幅改變你的工作效率與影響力。

情境練習⑮ 主管叫你調查，真的是要結果嗎？

主管對你說：「你幫我查一下〇〇吧。」

提示：調查方式，會因目的不同而改變。調查本身，很少是最終目的。

情境練習⑯ 客戶要型錄，其實想聽什麼？

客戶對你說：「請把新產品型錄帶過來。」

提示：你是否曾全力解說後，對方卻回一句「……然後呢？」這種反應背後的原因也許是客戶的主管，也許是其他公司的業務員。

情境練習⑰ 客戶急著明天要報價單，為什麼？

客戶來電催促：「請務必在明天前把報價單送來！」

提示：你會立刻手忙腳亂準備一份草率報價單嗎？還是先釐清：是誰在催？為什麼急？真正想得到的是什麼？

這裡刻意只給提示、不提供解答，因為這本書的目的是幫助你練習「獨立思考」。這些題目沒有唯一正確的答案，請盡可能提出各種假設，才能更接近問題的本質。

06 從「一對多」的角度來思考

一個「本質」，可以對應多種「表象」

讓我們回到「本質與表象的關係」。如前所述，這是一種「一對多」的結構。圖表 3-4 呈現的是一種樹狀關係：一個 Why（本質）之下，可能分枝出許多 What（表象）。也就是說，為了達成某個目的，往往不只一種做法。

舉例來說，若公司目標是提高利潤，實現的方法不外乎兩大方向：要嘛提升營收，要嘛降低成本。而進一步來看，要提升營收，也可以透過推出新產品、強化廣告推廣等多種手段來實現。這些 What，都是行動的選項，但它們背後其實可能有著同一個 Why。

如果換個角度來看「顧客與業務員」之間的互動，情況

圖表 3-4　Why 型思考與 What 型思考的差異

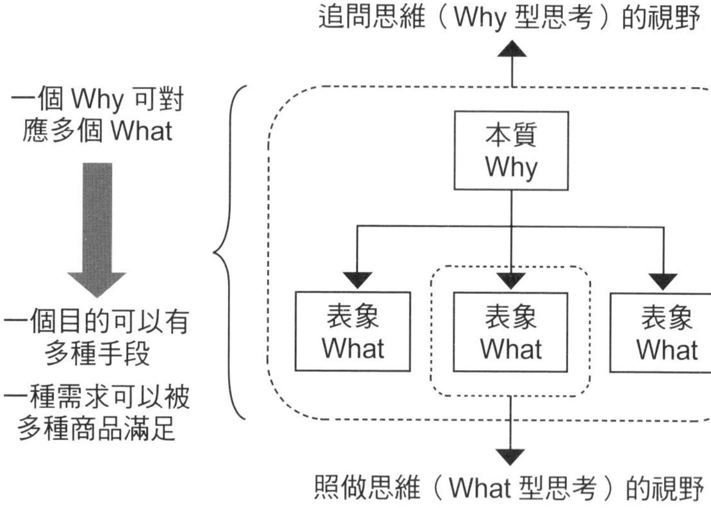

也是如此。顧客的真正需求（Why）往往可以被多種商品或服務（What）所滿足。或者從「主管與部屬」的角度出發，也會發現：主管的真正意圖（Why）並不一定只能靠某一種工作方法（What）來完成，而是可以有多種對應方式。

然而，這樣的「一對多」結構並不是每個人都能看得見。因為 What 是外顯的，可以被肉眼觀察；而 Why 是潛在的，只能透過「心眼」去理解。對於照做型人才來說，眼中所見只是一個個獨立分離的 What，無法連成系統，因而容易陷入機械執行。

相對地，**具備追問思維的探究型人才，則能夠從片段中看出線索，察覺這些 What 其實來自同一個根源**，就像看似分離的睡蓮，水面下卻根系相連，出自同一個系統。

我們將在後續章節中進一步說明：能夠看見這些關聯性，究竟會在工作中產生什麼影響，並如何成為一種思考上的優勢。

計畫失敗的關鍵：將「一對多」誤解為「多對一」

我們先前提過，理解本質與表象的關係，應以「一對多」的結構來看，也就是將「本質」（Why）視為核心，由此衍生出多種「表象」（What）作為其具體形式。但你可能會想，是否也存在「一個表象對應多個本質」的情況？也就是：同一個手段，被不同人賦予不同的目的。

這類情況，往往正是計畫失敗的根源。**當一個表象被多方視角詮釋為不同的意圖與用途，混亂便隨之而來**。例如，一場會議在某部門眼中是「決策現場」，而在另一部門眼中則只是「資訊交流」。雙方若各自抱持不同預期進場，這場會議最終多半無法產出實質成果。

當然，也有些會議原本就承載多重目的。此時，更需要清晰的結構規劃，將會議劃分為幾個段落，並在每個階段讓參與者明確理解其目標，才能確保流程順利、認知一致。

從表面來看，這似乎是「多對多」（N：N）的結構。但即使如此，**我們仍需意識清楚：每一個 Why 應對應哪些 What**。這種釐清，正是避免資源錯置與認知落差的關鍵。

圖表 3-5 以模式化方式呈現這一點。俗話說「貪多嚼不爛」，某種程度正好點出這種結構的盲點。如果我們只關注表象與手段，卻忽略其背後的核心目的，即便投入大量心力，方向也可能完全錯誤。

真正的關鍵在於，能否始終將焦點放在 Why，也就是目的與本質。相反地，若總是圍繞 What 打轉，卻忽略了 Why，正是「只看表象、忽略本質」的典型盲點。

「個別行動」是表象，「思維模式」是本質

如果將前文提到的內容應用到個人層面，可以說：一項項可見的具體行動屬於「表象」，而支撐這些行動的思考模式，則可視為「本質」。

圖表 3-5　釐清 Why 與 What 的「一對多」結構

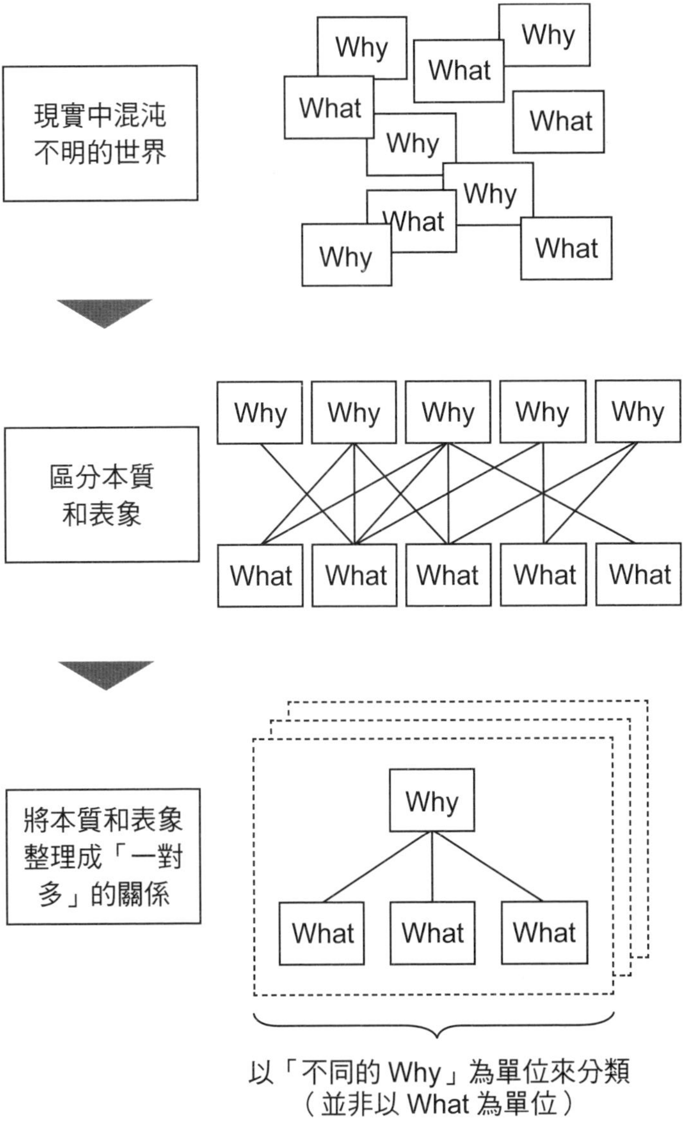

人們的行為之下，往往潛藏著一套獨特的思維方式或價值原則。例如，具有「正向思考」的人，其行為多半展現積極；反之，「負面思考」的人，則往往顯得消極。這種現象便是多個「表象」對應一個「本質」的具體例證。**即使行為表現千變萬化，背後的思維路徑可能長期如一**。

這種「表象—本質」的結構，不只出現在個人行為，也普遍存在於我們日常接觸的各種現象中。如果要更廣泛地理解「思維模式」，可以從事物之間的關聯（例如兩者間的因果關係）或更高層次的結構（例如多個因素交織所形成的體系）來觀察。（見圖表 3-6）

圖表 3-6　表象與本質的結構關係

每一個個別的現象都是
What（表象）

這些現象之間的關係與結構，
才是 Why

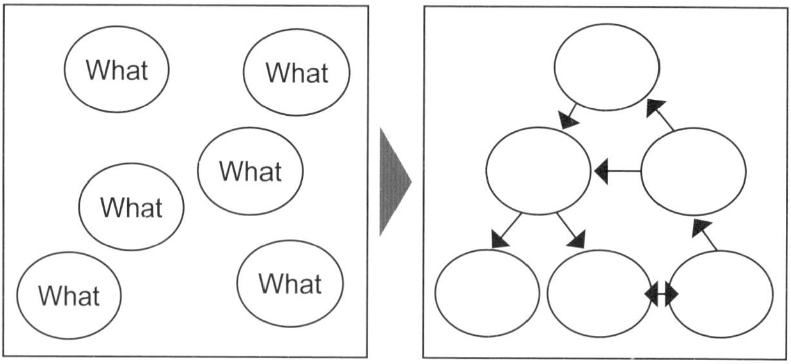

舉例來說，單一事實與其背後的因果關係、這些因果關係又如何彼此交錯而形成複雜的整體結構，這些都構成了不可見但確實存在的「本質」。我們日常能觀察的，僅是這些表象本身，但每個表象之間，其實都隱藏著深層結構。

圖表 3-7 描繪的正是「個別現象」與「結構化關係」之間的雙層架構。圖中呈現大小形狀各異的圖形，象徵著各種日常事件或現象。在商業情境下，這可能是一場場的業務談判，也可能是一筆筆累積的數據資料，這些都是「表象」。

例如，若僅單獨檢視一筆銷售數據，可能看不出什麼意義；但當觀察這些資料的關聯性時，蘊藏其中的趨勢與訊息便浮現而出。「時間序列趨勢」與「相關係數」就是「結構

圖表 3-7　What 是個別事件或現象，Why 是關係與結構

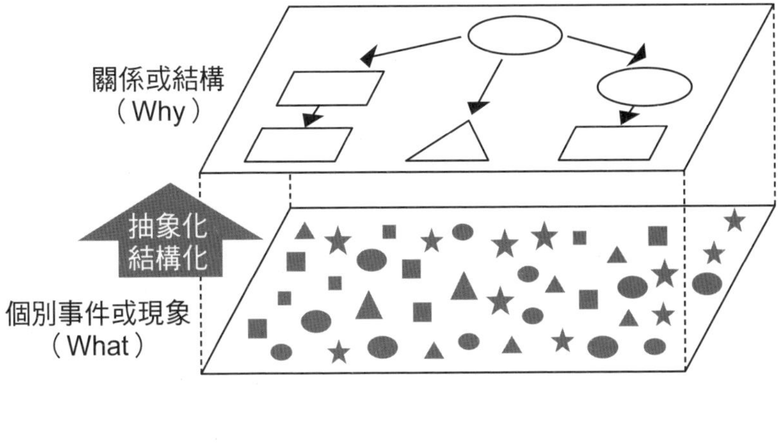

化關係」的例子。隨著資訊科技的進展，「商業智慧」的應用也愈加普遍，這類系統正是透過辨識資料之間的結構與因果，來掌握市場的變化與動向。

可以這樣理解：**「表象」是「點」，「本質」是點與點之間形成的「線」，而當多條線交織為網，便構成一張更全面的「面」**。

在企業活動中，「資訊」是表象，而看事情的角度或分析的邏輯，才觸及本質。

以企業決策為例，「顧客分類的方式」或「產品規格的排序準則」，表面上屬於操作流程，其實反映了企業獨有的價值觀與文化視角。甚至企業慣用的特定詞彙，也是一種揭示思維模式的文化象徵。

所謂「本質」，是經由抽象化、分類、結構化與因果判讀等思維過程，將眾多表象整理出邏輯與模式的結果。隨著網路普及，企業已難再依靠資訊落差來取得優勢，因此，**能否在「解讀事物的方式」上創造差異，成為新的競爭關鍵**。

再看圖表 3-7，也可以這樣理解：「產品」是表象，而能將參與者相互連結、創造價值的「商業模式」，則屬於本質。即使產品相同，透過不同的合作夥伴與銷售策略，依然能構築出截然不同的模式。這種**從模式端創造差異的方式，尤其適用於商品高度同質化的市場**。

要洞察這些關係與結構，我們必須擁有持續追問「為什麼」的能力。本章節所揭示的「表象與本質的雙層結構」，也將貫穿本書後續章節，是值得牢記的核心概念。

「為什麼」是通往追問思維的通關密語

至今為止，我已說明了照做思維所處理的「表象」（What）與追問思維所探究的「本質」（Why）之間的差異。作為本章的結語，我想提出一個關鍵詞，協助我們從充斥表象的世界中，窺見那些往往被隱藏的本質。這個關鍵詞，正是「為什麼」，也就是「追問思維」一詞的由來。

圖表 3-8 正是這句「為什麼」，開啟了通往本質世界的大門。從表面看來，追問思維與照做思維的差異，彷彿只是一句話的距離，但這句話所象徵的，其實是極其重要、也極其困難的分野。

圖表 3-8　打開「探究本質世界」的大門

若從字面來看，「為什麼」是一個用來探問理由與背景的詞語；但依本章對「本質」的定義來看，更是一種「從此處望向彼端」的視角，是一種追溯個別行動背後思維路徑的提問，也是一個連結表象、揭露結構的入口，甚至是一道照亮幕後推手的探照燈。

如前言所述，照做思維與追問思維之間的差別，可濃縮為這三個字。雖然只有三字之差，卻可能帶來天壤之別的結果。（見圖表 3-9）

圖表 3-9　一句「為什麼」就能帶來巨大差異

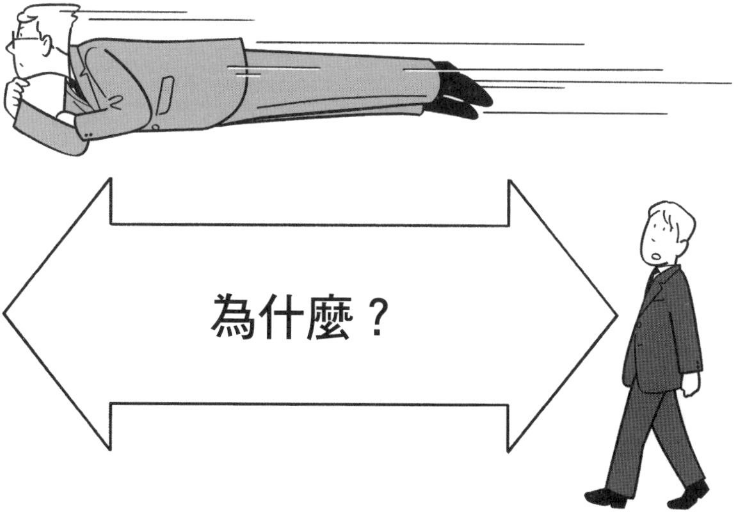

想必許多讀者都有過這樣的經驗：在書店看到標題為「為什麼○○？」的書，便忍不住伸手翻閱。為什麼會這樣？正是因為**「為什麼」這個詞語具備特殊的吸引力，它彷彿是一把鑰匙，能開啟通往本質世界的大門**。而大多數人內心，或多或少都存在一份想看穿表象、理解真相的渴望。

那麼，擁有這樣的好奇心就足以成為追問型思維者嗎？遺憾的是，並非如此。

對「為什麼」立刻產生反應，的確是一種潛質的展現，但接下來的行動才是真正的分水嶺。如果你只是翻翻書頁，找到標題的答案後就草草收場，那你並未真正踏進本質的世界，而只是被這三個字短暫吸引、稍微推開了那扇門，在瞥見門後那張便條紙上的幾個字後，便又將門關上。

這並非真正的追問，而只是擦身而過的錯覺。正如圖表 3-10 所示，那不過是在門扉掀開的一瞬，偷看了本質世界的門檻而已。

圖表 3-10　你是不是只瞄了一眼答案，就心滿意足？

只問一次「為什麼」，其實與照做思維無異

與此相似的例子，是做題時一有疑問便立刻翻到解答頁。這種一看到題目就翻到「背面答案」的行為，正象徵著照做型的思維模式。

從前文說明可知，許多人明明懷抱知識好奇，卻止步於表象層次，不願深入探索本質所蘊含的意義。這類人，在追問思維的世界面前，往往只踏出第一步，便選擇原地折返。

不僅如此，即使在書名上看到「為什麼○○？」這類句式，如果內容只提供一些有趣但片面的冷知識，依然無法進入真正的 Why 型思考。舉例來說，某些書中會出現這樣的問題：

「為什麼東日本的電力頻率是 50 赫茲，西日本卻是 60 赫茲？」

（→因為東西日本最初分別由不同公司開展電力事業，當時各自採用了來自不同國家的發電機，後來沿用至今）

「為什麼澳洲的首都是坎培拉？」

（→因為雪梨與墨爾本爭奪首都地位，最後折衷選擇位於兩地中間的坎培拉）

這些回答，乍看之下似乎合情合理，讓人有種「原來如此」的滿足感。但實際上，這類解釋往往只是換個說法的「語詞轉述」，或屬於「這就是起源」的說明，難以再繼續追問，終究仍停留在 What 的層次。

若我們能再追問一次，像是：「為什麼當初是不同公司在東西日本開展事業？」「為什麼雪梨與墨爾本會爭奪首都位置？」如此不斷深入，就可能將看似孤立的事實點，串聯成有邏輯與關聯性的因果線索。

當這些因果線建立起來，不僅使我們更接近問題的核心，日後在面對其他領域的相似情境時，也能加以應用、舉一反三。

讀到這裡的你，或許已隱約理解:「為什麼要問五次『為什麼』？」的真正含義。**要真正踏進追問思維的世界，不是一道門的事，而是必須一扇一扇地持續推開，逐步深入。**（見圖表 3-11）

圖表 3-11　真正的寶物，藏在每一道門之中

在任何領域，真正的寶藏從來都不會輕易現身。追問思維也一樣，唯有不斷提問、不懼深入，通往洞見與智慧的路才會展開。

第 3 章　重點摘要

- 追問思維強調的不只是在眼前看得到的現象（What），而是進一步追索背後的脈絡與成因，藉此貼近事物的核心。
- 追問思維關注的「本質」（Why）與照做思維聚焦的「表象」（What）呈對照關係：前者像原因，隱而不顯；後者似結果，顯而易見。
- 下表整理了兩者之間的關鍵差異。

表象（What）	本質（Why）
表面事件或現象	背後的真正原因
手段	目的
結果	其背後的背景
單一狀態	變化的原因
「這一邊」	「另一邊」
看得見的事物	看不見的事物
僵化	靈活
個別行為	思維模式
個別事件或現象	關係和結構
點	線或面

外在形式	內在心意
場面話	真心話
操控中的人偶	幕後推手

- 當我們提出「為什麼」，才能夠看見隱藏在表象背後的真實全貌。
- 只問一次「為什麼」，其實仍停留在照做思維的層次，稱不上真正的追問思維。

第4章

區分表象與本質，重構世界觀

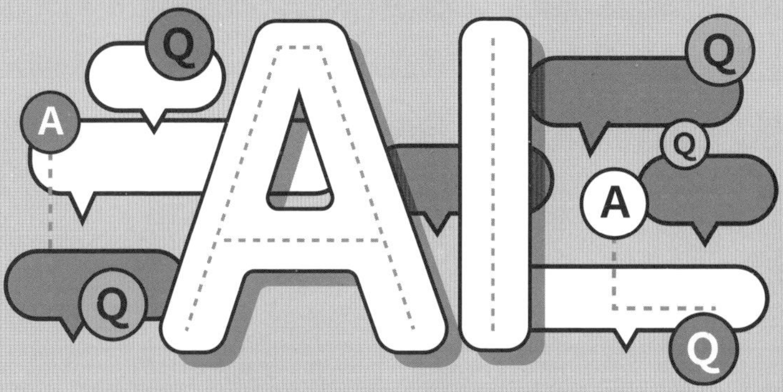

07 掌握本質與表象的思維分野

上一章談過「本質」與「表象」的差異。事實上，生活中發生的各種事件與現象，往往同時涵蓋這兩個面向；但若沒有有意識地打開心眼觀察，我們常常會不經意地忽略了其中的關鍵。

本章將帶你練習區分生活中那些交錯出現的「本質」與「表象」，並透過這樣的視角轉換，體會當我們的理解方式與價值判斷發生 180 度改變時，眼前世界也隨之不同。希望你能從中感受到，踏入追問思維的世界，究竟有何不同凡響之處。

在油花交織中，辨識本質與表象

我們生活中經歷的事件與現象，例如新聞報導、工作經驗，或他人的成功與失敗故事，往往**同時包含了「表象」與「本質」兩個層次。表象是那些直接可見的訊息，而本質則如油花般交織其中**，稍縱即逝，必須用心辨識（見圖 4-1）。

圖表 4-1　本質與表象，交織的樣貌

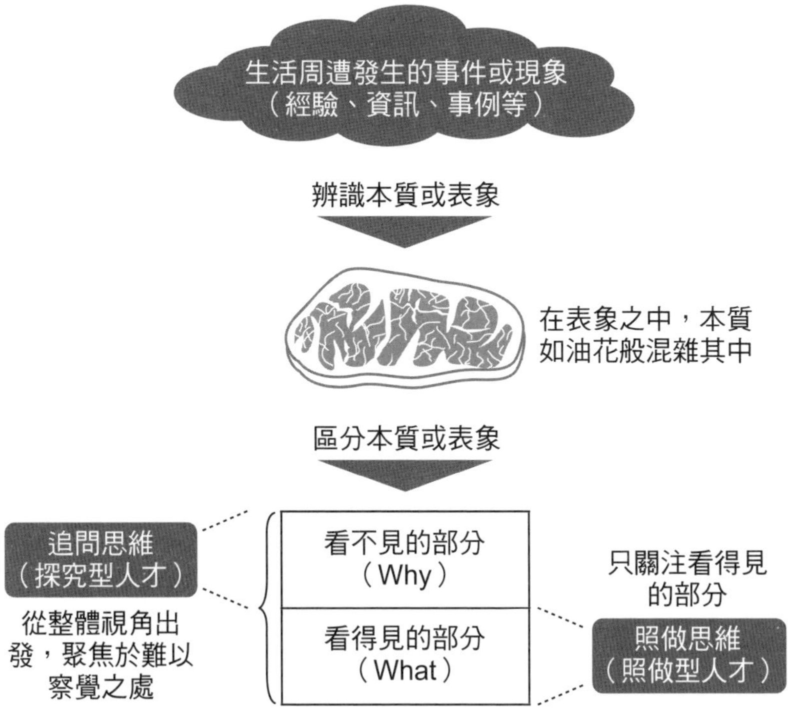

以新聞為例，像「某公司營業額年增 XX%」「利潤率下降△△ %」等，呈現的是可量化的表面事實（What）。然而這些數字背後，必定蘊藏著未明說的背景：與去年或競爭對手的差異、成因與外部環境的變化，甚至是決策過程中，公司上下如何思考與應對的歷程。這些未明述的脈絡，才是「本質」（Why）。

個人的成功或失敗經驗也不例外。成績或數字屬於表象，背後則往往有當時的情境、條件限制，甚至難以看見的努力與投入。例如某項新產品之所以大賣，可能是因為剛好契合當時的市場需求與競品落點；相反地，一項成本削減措施若以失敗告終，可能原因在於員工缺乏危機意識或訓練不足。

正如前文所述，照做型人才往往選擇複製成功經驗、避開失敗嘗試；而追問型人才則會因應情境調整、再利用，甚至對於曾經失敗的作法，也願意重新評估其在當下是否具備成功可能。關鍵差異在於：究竟只是接受可見的事實（What），還是願意探究背後的本質與脈絡（Why），進而有意識地加以切分與思考。

區分「本質」與「表象」來思考

現在，讓我們進一步思考——當我們將「本質」與「表象」加以區分來思考時，會帶來哪些不同的結果。（見圖表 4-2）

圖表 4-2　追問思維與照做思維對事物看法的差異

類型	對追問型人才來說	對照做型人才來說
① 本質與表象都相同 Why 同 Why What 同 What	看起來一樣	看起來一樣
② 本質不同，但表象相同 Why 異 Why What 同 What	看起來不一樣	看起來一樣
③ 本質相同，但表象不同 Why 同 Why What 異 What	看起來一樣	看起來不一樣
④ 本質與表象都不同 Why 異 Why What 異 What	看起來不一樣	看起來不一樣

（②③）雙方觀點分歧

這張圖是針對兩個現象進行比較時，依據「本質」與「表象」是否相同，歸納出四種典型組合。當兩者的本質與表象都一致（類型①），或是兩者皆不同（類型④），不論是採取追問式思維或照做式思維，結論通常不會出現太大分歧。**但如果兩者只有一方不同，也就是類型②與③，就會出現明顯的觀點差異**。

我們先看類型②：「表象相同，但本質不同」。也就是看起來像是同一件事，實際上動機或目的完全不同。例如：手段相同，但背後目的不同；或結果看似一致，實際背景各異。照做型的人往往只看表象，認為這些現象「本質相同」；而追問型的人則能看穿背後邏輯，即使表象一致，仍會辨識出其差異。

舉個例子：當你正在審查一份提案書或企劃案。照做型的人可能只是瀏覽內容，便說出「這案子好」或「這提案不行」之類的評論；但追問型的人會先搞清楚「這份文件是寫給誰的？預期要達到什麼效果？」這樣的背景，才會進一步評估。如果這份企劃書是寫給執行單位做內部溝通，它可能非常清楚易懂；但若要提交給高層審批，它就顯得完全不合格。

接下來是類型③：「表象不同，但本質相同」。也就是看起來毫無共通點的兩件事，實際上背後的邏輯一致。舉例來說，針對促進回購的策略，有些品牌採取「集點卡」、有些提供「哩程回饋」，也有店家送折價券、甚至主動記住顧客的姓名與喜好。這些行動在表象上（What）看似毫無關聯，但背後的出發點（Why）其實一致，就是「比起一次性顧客，更重視回頭客的經營」。

這樣的觀點差異，會導致兩種人在看待相同的成功經驗或失敗經驗時，做出截然不同的理解與總結。

接下來，我將介紹幾個「區分本質與表象」的實例。首先，請思考以下這個練習題。

情境練習⑱ 你覺得「朝令夕改」是好事，還是壞事？

有人說「朝令夕改」很沒原則，你怎麼看？

有句話叫作「朝令夕改」，意思是「早上才剛下的命令，傍晚就已經改變」，源自中國古代經典《漢書》。

在職場上，這個詞有時帶有正面意涵，有時則帶有負面評價。例如，聽到某位領導者被稱為「朝令夕改型」時，你會聯想到什麼？也許第一個浮現的，是「說話反覆、缺乏一貫性」等負面印象；但也有人會想到「靈活調整、能迅速因應環境」這樣的優點。

這種看似矛盾的雙重印象，其實可以用我們前面提到的觀點來解釋。「朝令夕改」本身就包含了兩個層次：「本質」（Why）與「表象」（What）。

剛才那些正負兩面的說法，正好分別對應到這兩個層次。也就是說，我們可以區分為「本質層次的朝令夕改」與「表象層次的朝令夕改」。

所謂「本質層次的朝令夕改」，指的是對事情的根本理由與思考依據搖擺不定，也就是缺乏清晰的判斷軸心。在這種情況下，即使不斷下指令改方針，其他人也只會被搞得無所適從，不會產生任何正面效果。

相對地，「表象層次的朝令夕改」則是指核心思維保持穩定，在此基礎上根據情勢變化，靈活調整做法與手段。只要本質清楚穩定，行動的調整就不是搖擺，而是策略性的反應。這種應變能力，正是一位成熟領導者不可或缺的特質。

這也可以說是「本質的一貫性」與「表象的一貫性」之

間的差別。**堅持本質、方向穩定的人，通常被認為是值得信賴的；但如果環境已經改變，卻仍墨守原來的行動模式，那麼這樣的「表象一貫性」反而會顯得固執、不知變通。**

此外，有些人重視「誰說的話總是可信」（Who 的一貫性），也有些人重視「只要時機對，什麼都可以調整」（When 的一貫性）。我們經常說某人「有一貫性」或「沒有一貫性」，但其實，即使被認為反覆無常的人，從他自身角度來看，也未必毫無準則。

只不過，他所堅持的一貫性，是來自本質？表象？還是特定的人或時機？這樣的差異，會造成他人在評價時的不同解讀。

那麼，回過頭來看，你過去口中的「一貫性」，究竟是指哪一種呢？

情境練習 20　開發新商品時，該不該聽顧客的意見？

顧客的回饋該當成方向指引？

還是會讓你偏離初心、誤入歧途？

接下來，讓我們來思考在企劃和開發新商品或服務時，「顧客心聲」的表象（照做思維）與本質（追問思維）之間的差異。

長久以來流傳一句話：為了設計出好的商品，要去傾聽顧客的聲音。然而，照做思維與追問思維對此的態度截然不同。

開發新商品時，顧客的需求始終是最重要的。技術與創新固然關鍵，但前提是必須能回應某些尚未被滿足的顧客需求。這些需求可分為兩類：可見的顧客要求（照做思維所對應）與尚未說出口的真正動機（追問思維所關注）。本章最後的表格也整理了這兩者的差異。

從基本態度來看，**照做型是從「現有的事物」出發；而追問型則從「目前還不存在，但能滿足內在渴望的事物」為起點**。所謂「現有的事物」，包括自家商品或競爭對手的商品。照做型的做法包括模仿市面熱賣產品、將其納入自家陣容，或直接依顧客反映進行小幅調整。

相對地，追問型的商品開發不是模仿熱賣商品，而是試圖探究：為什麼這些商品會受到喜愛？從中歸納出背後的共同動機（例如：「平價卻不廉價」、「可以不張揚地展現自我」等），並以全新形式將其轉化推出。這種方法強調忠於核心需求，不僅僅停留在表層。

可見，照做思維偏向延續與改良，是漸進式創新；追問思維則關注根本改變，是更具開創性的方式。

這些差異也可從「顧客的聲音」角度看出。照做型會將顧客表達的內容直接反映於產品中，問題在於顧客往往並非產品專家，因此多數意見都是根據操作經驗提出的反饋，甚至是抱怨。例如：「這個旋鈕太難轉」、「畫面配置看起來不順」等。

另一類照做型的要求，是想補上競品已有而自家缺乏的功能。這些要求多半只是表層的補強，而非真正的創新，也只能讓產品勉強追上對手，仍舊缺乏突破。

而追問思維則重視顧客「未說出口的內心渴望」，這些動機有時甚至與他們口頭表達的需求相反。許多優秀的企劃人會說：「別太相信顧客說的話。」這不是不重視顧客，而是希望設計者能夠看見話語背後真正的渴望。這點與單靠技術導向、忽略市場反應的設計截然不同。

這樣的情況在各公司皆常見。一線業務人員常會全盤接收顧客的反饋，並抱怨：「我們明知道這樣會大賣，為何公司不做？」這類說法的陷阱有兩個：第一，這些要求多半只是表面的照做型需求；第二，正因為是照做型，所以通常已經落後潮流。若貿然依此開發產品，等上市時需求可能早已轉變，結果產品與現實需求脫節。

簡言之，從「目前熱賣的東西」出發，是照做型企劃；而思考「有沒有什麼還不存在，但可能會熱賣的東西」，則是追問型企劃。照做型認為要搭上潮流，追問型則致力於創造潮流。

「順從」的真正含義

再舉一個例子，讓我們從追問思維與照做思維兩種觀點，來思考人們常說的「順從」究竟是什麼意思。

情境練習⑳ 你覺得「順從」是好事，還是壞事？

我們經常會說一個人「很順從」，那這到底是一種美德，還是一種缺乏主見的表現？

讓我們從不同角度來重新思考這個熟悉的詞彙。

有人認為，若想在職場或運動領域有所成就，「順從」是一項關鍵特質。但這真的等同於「對別人所說的一切言聽計從」嗎？其實，這個問題也能透過區分「追問思維」與「照做思維」來理解。

「順從」這個詞，其實可以依據「順從的對象或方向」分成兩種型態。首先是**「照做型的順從」，指的是一味接受他人的指示**，例如：別人交代什麼就做什麼，顧客說了什麼就原封不動轉告其他部門。這類表現，未必符合職場上理想工作者的標準。

那麼，所謂「該順從」的真正涵義是什麼？答案是「追問型的順從」。

舉例來說，當主管說「這份資料請這樣製作」，若只是依樣畫葫蘆、完全照指示複製內容，就是典型的「照做型順從」。這類人通常被視為「指令等候者」，缺乏主動性、靈活度與創意，難以展現理想的專業態度。

與之相對，**「追問型順從」的人，會真誠地接收主管的用意，也就是那背後的「為什麼」，並主動思考最合適的實現方式**。是否照著原本的做法執行，反倒不是重點。換言之，理想的工作者，應該是能掌握核心目標，並積極回應的「追問型順從者」。

相同的區分，也能用來重新思考「固執」這個詞。「追問型的固執」指的是堅守信念與原則的人，往往具有正向力量；而「照做型的固執」，則是無論情境如何變化，都墨守成規、不願改變慣有做法。這類固執，通常帶來的是負面影響。從這個角度來看，平時常被視為負評的「他很固執」，有時或許也代表值得尊敬的堅持。

08 別被表象迷惑：用追問思維重新定義「常識」

你以為的「創意」，真的對嗎？

前文提到的「順從」可區分為追問型與照做型兩種觀點。同樣地，當人們評論某人「有沒有常識」時，這裡的「有常識的人」，其實也能細分為兩種類型。

一般人對「有常識的人」的印象，往往是具備基本教養、生活規律、遵守規範與禮節、待人有禮。從「規則」、「規範」、「禮節」、「禮儀」這些詞聯想到的，就是本書所稱的照做型人格。

然而，除了那種凡事照本宣科、重形式與規則的「常識派」，也存在另一種重視邏輯與判斷的「理性派」。前者著重外在行為是否合於規範；後者則**關注背後的推理是否合理，能否因應情境作出適當選擇**。

這兩者有何不同？以下透過具體情境來說明。請思考接下來的練習題。

情境練習 ㉑ 你覺得怎樣的人，才算是有創意？

是守規矩、有常識的人，還是會打破常規、不受拘束的人？

請試著從這個角度來思考看看。

說到「有創意」或「想像力豐富」的人，各位腦中會浮現什麼樣的形象呢？一般來說，我們可能會聯想到那種穿著隨興、不拘小節、不太在意規則、說話直接的人──一種跳脫常規，甚至給人「不按牌理出牌」的印象。

這種外在形象雖令人印象深刻，卻未必是創造力的真正來源。僅僅是行為特立獨行，並不足以孕育真正具創造力的點子。為了釐清創意產生的條件，我想從分解的角度來說明，一個好點子的誕生，實際上包含了兩個重要步驟（見圖4-3）。

圖表 4-3　好點子的產生過程

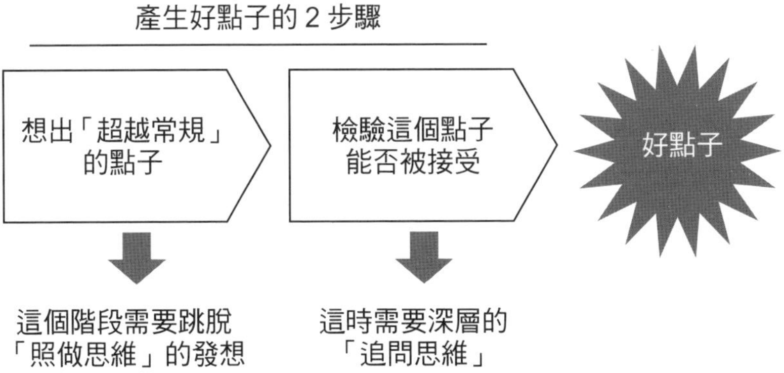
產生好點子的 2 步驟
想出「超越常規」的點子
檢驗這個點子能否被接受
好點子
這個階段需要跳脫「照做思維」的發想
這時需要深層的「追問思維」

第一步，是能夠提出突破框架的新構想。在這個階段，最重要的是不被現有知識、框架或規則限制，勇於嘗試不同的思路。這需要一種靈活、開放、不盲從既有做法的發想方式。

多數人會認為，創意的關鍵就是在這個階段提出新點子。然而，光是「新奇」並不足以讓點子落地、被社會接受。這也是為什麼第二步格外重要，那就是檢視這個點子是否能被多數人理解、感受到價值，進而採納。畢竟，若只是少數人感興趣、難以普及的奇特想法，是無法真正推動社會改變的。

換句話說，真正具有影響力的點子，必須同時兼顧創新與可理解性。而這樣的判斷，往往在我們腦中自動進行，是一種既貼近人群、又能辨識風險與可能性的篩選機制。

這裡所需要的，就是一種能貼近他人思維、理解主流視角的思考能力。從**根本邏輯上來說，仍然必須具備穩健與說服力，但在轉化為商品或服務的過程中，則需要保有彈性，懂得在必要時走出框架、提出新解法**。唯有融合這兩種思維方式，才能讓創意真正發揮效用。

遵循或跳脫常規的四種類型

讓我們從另一個角度整理一下到目前為止的討論。（見圖表 4-4）

這張圖將人們依照兩個層面來區分：①在本質層次上是否遵循規則，以及②在表現形式上是否遵循規則。藉由這兩個層面的交叉，我們可以將人們分為四種。

首先，左上方的區域是「內外都遵循規則」的人。這種人基本的思考方式與社會大眾一致，重視規則與禮儀，嚴格遵守既定規範，可以稱之為「正統派」（典型守規者）。

其次，左下方的區域是「表面守規，但內在僵化」的人。

圖表 4-4　「遵循規則」或「跳脫常規」的四種類型

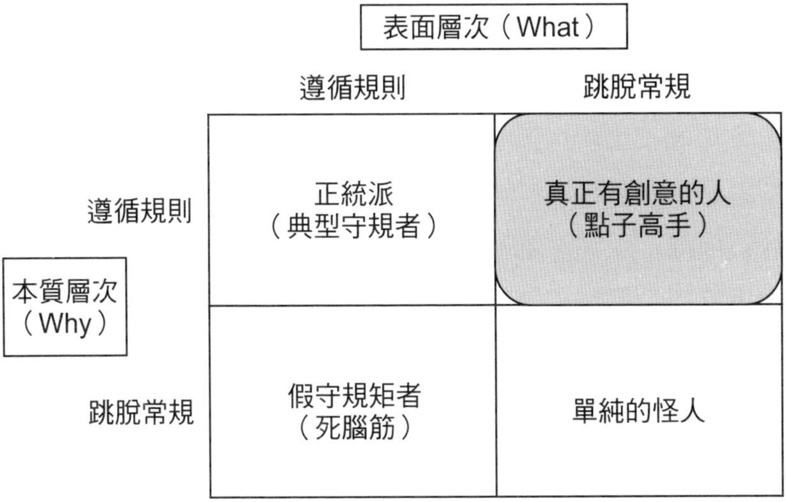

	表面層次（What）	
本質層次（Why）	遵循規則	跳脫常規
遵循規則	正統派（典型守規者）	真正有創意的人（點子高手）
跳脫常規	假守規矩者（死腦筋）	單純的怪人

這類人表面上非常在意規則和禮儀，但完全沒有思考過這些規則的意義和目的，只是盲目執行，無法靈活應對變化，可以說是「假守規矩者」（死腦筋）。

再來，右下方的區域是「裡外都不遵守規則」的人。他們既不遵守基本的禮節，也沒有合理的思考邏輯，可以說是「徹底的脫序者」。這種人或許偶爾會提出一些看似新奇的想法或行動，但往往無法真正被周圍的人接受。雖然「規則」的標準會隨著時代改變，少數人也許能成為引領風潮的先鋒，但這畢竟是少數，大多數處於此區域的人最後只是落入「單純的怪人」。

最後，右上方的區域是「理解規則本質」的人。他們看起來可能不太在意既有的規則與形式，但由於他們內在清楚規則背後真正重要的東西，例如「避免讓人不舒服」或「有效的溝通」，因此不易招致他人反感。更重要的是，他們能在遵循與突破規則之間取得平衡，經常提出看似新穎但實質上符合人們需求的創新想法。真正具有創造力且能夠產生有價值想法的人，往往是這類人。他們看似超越一般人，實際上卻比一般人更貼近社會大眾。

事實上，**許多成功的創新商品之所以受歡迎，並非只是因為點子夠新奇，而是因為這些商品有效解決人們共同面對的問題，符合大眾的需求**。

類似的情況也常見於藝術領域，例如音樂家或美術家。優秀的音樂家固然可以演奏出獨特的音色，但同時也能掌握絕對音感，並對「什麼樣的音色才美」這種基本美感有極佳的理解。美術家也是如此，除了創作出獨特作品，也深刻理解「什麼是美」，掌握了美的普遍共識。

這個邏輯同樣適用於娛樂圈，例如喜劇演員。能夠表演有趣的內容固然重要，但真正能夠長期生存下來的喜劇演員，必須清楚知道「什麼東西對觀眾來說是好笑的」。如果只是偶然的即興表演，即便短暫獲得掌聲，若不了解為什麼成功，便無法持續創造受歡迎的表演。相反，了解笑點與大眾心理的演員，便能長期維持創造力。

綜合前述，我們從創新思維的角度，探討了人們內在邏輯與外在行為遵循規則與否的問題。這種分析方式，其實也適用於我們身邊各種生活現象。

例如，服裝也可以用此原則區分。表面層次上最「循規蹈矩」的服裝可以是制服，但若從本質層次來看，真正合乎禮節與社會規範的服裝，是指具有「功能性」且「不讓人感到不舒服」的服裝。

最後，連「認真」與「不認真」的概念，也能透過這個框架，從本質與表面兩個層次來分析。我們來透過接下來的練習，進一步理解這個觀點。

情境練習㉒ 是否能分辨「認真」與「不認真」的差異？

請從「本質層次」（Why）與「表面層次」（What）這兩個角度，思考一下「認真的人」與「不認真的人」有何不同。

表象型的認真，通常指的是能確實遵守既定規則、凡是被邀請的會議都會出席；對學生而言，就是不翹課。但如果只是「人在心不在」，雖然形式上守規矩、出席了活動，實際上卻毫無投入與貢獻，這樣真的算是有意義的認真嗎？

相對地，本質型的認真，指的是即使沒有出席會議，也能用另一種方式產出原本被期待的成果；或是即使沒有去上課（如果該課並不值得上），也會以其他方式補足內容、真正掌握知識，並通過測驗。換句話說，也可以說：「表象上的認真，可能是一種本質上的不認真；而表面看起來不認真的人，反而更有可能是本質上的認真者。」

與前文討論過的「遵守規則」議題類似，接下來，讓我們進一步思考：「什麼樣的人，才是真正可以放心交辦工作的人？」

情境練習 23 可以放心交付工作的人有哪些特徵？

所謂「值得信賴、能放心交付任務的人」，應該具備哪些關鍵特質？請嘗試從本質層次與表象層次兩個角度進行思考與分析。

請大家從自己身邊的人出發，想一想：「什麼樣的人，才是值得放心託付工作的人？」假設你是一位主管，什麼樣的部屬會讓你安心交辦任務？又或者在工作以外的私人活動中，什麼樣的人會讓你願意把整場活動交給他籌劃？是那種「很少出錯或出包的人」嗎？這樣的理解在某些情況下或許沒錯，但並不總是成立。

熟練掌握某個領域的知識與技能，也就是具備表層的專業能力、在日常工作中無需事事請示他人，這當然是基本條件。但知識終究有限，光憑這點恐怕還難以讓人「徹底放心」地交辦任務。

那麼，還需要什麼條件？我認為，關鍵在於「不會讓第三方（例如：客戶、合作夥伴或其他部門）突然跳出來投訴」。也就是說，他能察覺異狀、適時請教或求援，具備本質層次的常識。**即便專業知識還不完備，這種對風險的敏感度與主動應對的態度，往往比所謂的「專家」更令人安心**。

擁有高度表象知識的人，在一切按部就班時確實可靠；但若遇上突發狀況，反而可能因墨守成規而「火上加油」。相對地，那些具備本質常識的人，能及時因應、避免問題惡化，才是真正值得信賴、可以交辦工作的人。如果要用「認真」來形容，我會說：真正可靠的人，是那些對「原則與本質」始終認真的人。

這樣的觀點同樣適用於專案管理。專案經理的確需要具備領域內的專業知識與經驗，例如資訊專案需熟悉 IT 技術，但更關鍵的是風險管理能力，也就是能在問題爆發前，及早察覺異常的能力。

換句話說，具備分辨「正常與異常」的敏銳直覺，或者說，能「嗅出風險」的本質常識，才是實務中最不可或缺的能力。

09 區分之後，就能發現為何光做事仍會出錯

不要執著於你的成功經驗

在第 1 章的自我檢測中，我們提到「照做型人才」會原封不動地重複過去的成功模式，對於曾經失敗的經驗則完全避開、不再嘗試。那麼，「追問型人才」又是如何看待自己的成功與失敗經驗？他們會以什麼樣的方式活用？

我們常聽到一句話：「別被自己的成功經驗綁住。」這背後的警示是：若對過去成功的經驗過度執著，往往容易導致下一次的失敗。這一點，不論是在個人還是企業層級，都是常見的錯誤來源。然而，要做到這一點，遠比說出這句話困難得多。

對個人來說，所謂的「成功經驗」，往往是過去實績的累積，是自我認同與信心的根基，甚至是整體思維模式的來

源。如果說要「捨棄」這些經驗，幾乎等同於否定自己的全部。那麼，我們是否真的應該捨棄成功經驗？又或者，該在什麼情況下放下？又有哪些情境下不應輕易放棄？

若從本章主題「區分本質與表象」的角度切入，這樣的判斷又會出現什麼不同的思維方式呢？

首先，讓我們透過接下來的練習題，以個案形式具體思考：當一個人「執著於過往的成功經驗」時，究竟會引發哪些錯誤與盲點？

情境練習㉔ 以往的指導方式對部屬失效，怎麼辦？

佐藤課長最近一直為部屬鈴木的事煩惱不已。一向以熱心指導著稱，無論自己或他人都認為這是他的強項，但對鈴木來說，這樣的做法似乎完全無效，甚至產生反效果。最近，佐藤課長發現，鈴木對他的個別指導反應越來越冷淡，不僅眼神呆滯，甚至看起來一點也不認真聽講，彷彿整個人已經關上了對話的大門。

其實，佐藤課長之所以採取熱心細緻的指導方式，背後有一段深刻的成功經驗。過去還是主任時，他曾在其他部門帶過兩位業績不佳的部屬，經過多次試錯後，他深深記住：「只要細心指導，部屬就能重新振作起來」。這段經驗使他建立起堅定的信念，只要投入熱情並細緻輔導，年輕人終將展現出自己的潛力與優點。

那麼，佐藤課長是否該拋下這段成功經驗呢？

案例分析：原因在於未看見本質

這雖然是一個簡單的案例，卻是職場中屢見不鮮的情境。佐藤課長深信**「熱血指導一定有效」，其實是停留在表層（What）的想法**。過去他的這套方式之所以成功，很可能是因為背後有一個有效發揮的關鍵本質——「真誠地為對方著想」（Why）。正是這份態度，才能讓當時的部屬真正感受到支持，因此熱血指導才會奏效。

然而，這次面對個性不同的鈴木，如果能選擇另一種方式，例如「給予自主權、不過度干涉」，或許反而更合適。但佐藤課長仍執著於原本的做法，才導致適得其反。從另一個角度來看，他過去成功的真正本質，其實可能是「因人而異、調整應對方式」的彈性，而非特定的指導風格。

案例延伸：成功經驗該如何正確運用？

類似的情況，相信你我都不陌生。在**思考該如何發揮成功經驗的價值時，「區分本質與表象」的思考方式格外重要**（見圖表 4-5）。

我們所經歷的每一件事，不論成功或失敗，幾乎都由兩

圖表 4-5　照做型應用與追問型應用

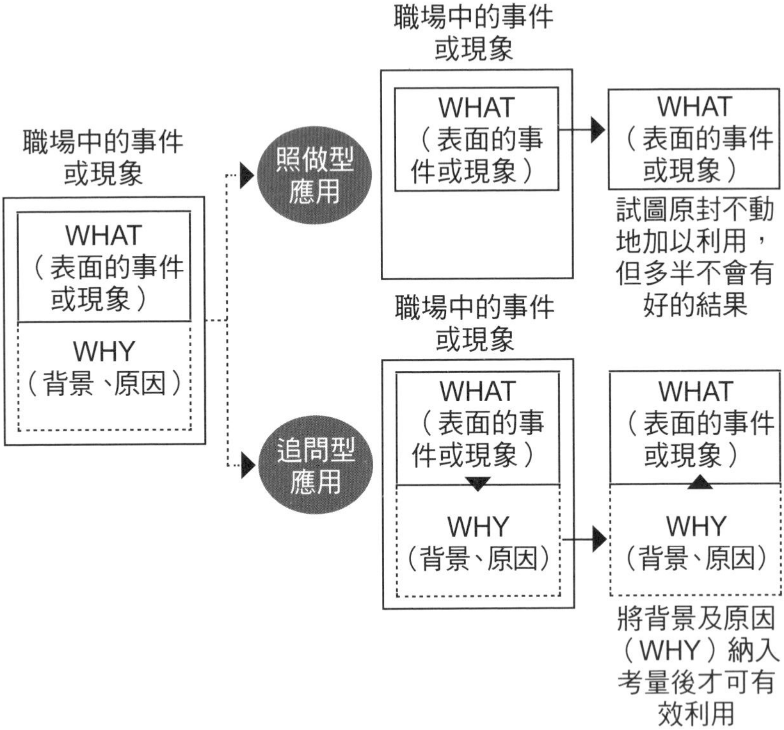

個層次構成：一是可見的「表象」（What），另一是背後的「本質」（Why）。在實務應用中，可以分成兩種策略：照做型與追問型。

照做型應用指的是直接複製過去的成功經驗或他人的做法——「怎麼做就怎麼複製」。例如，嘗試原封不動地複製自己過去的成功經驗，或是參考其他企業的案例照表操課。然而，一旦應用的環境或對象產生變化，這種方式往往會失靈，因為背後的關鍵因素（Why）已經改變。這讓人聯想到第 2 章中「猴子與香蕉」的故事：在許多組織裡，我們其實正遵守著許多「沒人說得出為什麼要這麼做」的規則（What）。

相對地，**追問型應用則會聚焦於成功或失敗的背後脈絡**，即「當時為什麼這麼做有效？」「背後的價值觀與思考方式是什麼？」例如：「對方之所以願意接受，是因為感受到我真心為他著想」或「我能持續掌握對方需求的變化」。這類本質才是真正值得被延伸與重複運用的部分，而具體的做法則未必要與過往完全相同。

看到這裡，可以這麼說：「丟掉過去的成功經驗」其實指的是**捨棄過時的表象（What），這並不可惜；而真正值得保留並活用的，是那份能跨場景發揮效用的本質（Why）**。

同樣地，如果將「模仿他人或其他公司」也納入思考，我們會發現，模仿也分為照做型與追問型兩種。

照做型模仿，是從外在形式入手，例如看見別人的簡報格式成功就直接套用、聽說某公司開會時間短就一律限時結束。這類模仿有時也會有效，但那多半是因為背景條件巧合吻合，或無意間連本質也一起照抄了。

但若想讓模仿更穩健，就不能停在表象，而應進一步思考：「這做法背後的理念是什麼？對方為什麼這麼做有效？」「我們的背景條件是否相符？」如此，才能讓模仿不只是複製，而是經過內化後的再創造。

什麼是資料與數字的「去脈絡化」？

接下來，請思考一個練習題。

情境練習 25 如何將資料去脈絡化？

什麼是「資料與數字的去脈絡化」？請從「本質」（Why）與「表象」（What）的角度進行思考。

在商業界乃至其他領域，「資料或數字的去脈絡化」是一種常見現象。例如，在特定條件下以「暫定數字」為前提計算出的結果，卻被誤傳為「確定數字」；又或某份原本針對特定情境製作的資料，被挪用至全然不同的脈絡中，脫離了原先設計的用途。

為什麼會出現這樣的情況？這其實與我們先前提到的「只看表象、忽略本質」有著相同的結構。資料與數字本是依據特定背景（Why）所產生的，但後續使用時，背景被遺忘，只剩下表層資訊（What）被拿來直接套用。這與前一節所談「不能將成功經驗原封不動地複製」的教訓如出一轍。即使對象從經驗換成資料與數據，這個原則依然適用。**所謂「去脈絡化」，說到底，就是脫離本質（Why）而獨自流通的表象（What）**。第 2 章所提到的「只關注表象而忽略本質的毛病」，在這裡再次具體呈現。

這類現象在日常生活中也屢見不鮮，例如用餐禮儀。原本的餐桌規範，是為了「方便進食」「避免讓他人感到不快」等理由（Why）而存在，目的是讓多人能和諧共享餐桌。但不知不覺間，像是「餐具的擺放順序」「進餐的步驟」這些具體規則（What）開始脫離原意「自行運作」，彷彿遵守形式成了目的本身。結果是，有人反而因過於在意這些細節，吃得不自在，甚至舉止詭異、引來他人異樣眼光。這正是「只看表象、忽略本質」的典型狀況。

第 4 章　重點摘要

- **我們生活中接觸到的各種現象，往往同時包含了具體可見的表象（What）與背後構成的背景與理由（Why）。**
- **這些背景與原因若不特別留意，往往難以察覺。但只要能將本質（Why）與表象（What）清楚區分，世界的樣貌將會截然不同。具體來說，例如以下幾點：**
    - 在表象層次上頻繁變動的「朝令夕改」可能是好事，但若本質層次反覆無常，則是壞事。
    - 表象層次所謂的「順從者」，只是無條件照做的人；而本質層次的「順從者」，則是能在各方面表現出色的人。
    - 真正的「創意」不僅來自於表層的創新性，還需要來自本質層次的普遍性。
    - 所謂的「合乎常理」，在表象以及本質層次上，意義完全不同。
    - 優秀的藝術家，除了擁有表象層次的精湛技術，也須具備本質層次的普遍審美眼光。
    - 若對表象層次的過去經驗耿耿於懷，是種阻礙；但若能從本質層次理解經驗，則能轉化為寶貴的教訓。

- **照做型（What 型）商品開發，會「照單全收」顧客的意見；而追問型（Why 型）商品開發，則不會只聽表面的聲音。以下表格列出了兩者的具體差異：**

項目	照做型商品開發（What 型） ⟷	追問型商品開發（Why 型）
目標客群的需求	顯性需求	隱性需求
所謂顧客的聲音	實際說出口的意見	心裡真正想說的話
構思出發點	從「現有事物」發想	從「目前不存在的事物」去發想
競爭的戰場	和對手相同的領域	開闢全新戰場（只屬於自己）
創新的類型	改善型（漸進式）	徹底顛覆（激進式）
對競品的態度	模仿	不模仿
對流行的態度	跟隨潮流	創造潮流

- **當本質（Why）與表象（What）在不知不覺中脫離，只剩表象獨自行走時，便形成了所謂的「去脈絡化」現象。**

第5章

追問思維的職場實戰應用

10 解決問題，從問對問題開始

前文提到，追問思維能幫助我們跳脫思考停滯，並重新檢視日常的判斷模式。本章將帶你實際看看，這樣的思維方式如何運用在職場中，與照做思維有什麼差異？又該如何以更有效的做法，找到新的解決路徑。這些場景，或許你早已在工作中遇過了。

跑腿型人才 vs. 提案型人才

本章節將透過實例，說明在問題解決情境中，如何運用追問思維。雖然「解決問題」本身有多種層次，但我們這裡聚焦於日常商務往來中，委託者與解決者之間的基本互動，具體比較跑腿型（What 型）提案型（Why 型）兩種人才的應對方式有何不同。

所謂的「委託者與解決者」關係，在現實生活中可見於多種人際組合，例如客戶與業務、主管與部屬，甚至也適用於朋友、伴侶等情境。只要是「一方提出請求，另一方協助解決」的關係，就能套用本節所述的概念。

在以下範例中，我們將以「客戶與業務」的互動作為情境。想像某位負責電子產品（例如筆電）的業務員，接到長期合作客戶的來電，邀請他前往拜訪。我們將先模擬照做型業務的應對方式，再一一檢視其中可能產生的問題。

情境練習 26 你能看出照做型業務的問題嗎？

照做型業務的反應

客戶：「可以再幫我帶一些你們的 X-001 嗎？」（指的是之前買過的產品）

照做型業務：「好的，我知道了，是 X-001 對吧？我會立刻確認庫存與交期，並準備好報價單！」

客戶：「那就拜託你囉。」

這段對話看起來毫無問題，甚至稱得上是標準的業務應對流程。事實上，像這樣的互動每天在各家公司中不斷上演。然而，問題就在於，照做型人才只聽到了「表面上的需求」，卻沒有進一步追問「背後的原因」。這樣的回應方式，真的能有效解決客戶的問題嗎？

客戶看似即將順利取得所需商品，業務端也能達成銷售績效，乍看之下可謂雙贏、毫無問題。然而，請你仔細思考以下幾個提問：

- 這位客戶所指定的商品，真的最適合他目前的需求嗎？（會不會其實有更好的產品可以推薦？）
- 這次剛好還能供貨，但如果因為停產或售罄等因素無法提供時，照做型人才會怎麼應對？（是否只能說聲抱歉，然後灰頭土臉地離開？）
- 這項商品單獨交貨就能立刻使用嗎？會不會實際上還需要電池、紙張等配件，如果沒事先準備好，反而讓客戶徒增困擾？

從這些角度來看，照做型人才的回應雖稱不上失誤，但若以「是否能進一步提升客戶滿意度」為標準，仍有不少改進空間。

這樣的反應，正是典型的「跑腿型服務」──只將客戶的話語照單全收，立刻著手執行下一步。這雖然快速、確實，卻缺乏深入理解與主動價值的創造。

接下來，請試著思考下一題情境練習。

情境練習㉗ 如果你是提案型業務，你會怎麼做？

在相同的情境下，若換作具備追問思維的人才，又會做出怎樣不同的回應呢？

如果是具備追問思維的提案型人才，可能會這麼回應：

客戶：「可以再帶一些你們公司的 X-001（之前買過的商品）過來嗎？」

提案型人才：「您指的是 X-001 吧？這是您去年購買的那一款對吧？這次是打算用在哪裡呢？不會是之前那台壞了吧？」

客戶：「不，完全不是。實際用過之後，大家都覺得非常好用，口碑很好，所以我們在考慮讓其他部門也一起使用。」

提案型人才：「非常感謝您的肯定。最近也有不少客戶回饋類似的好評。如果這次是考慮添購第二台，我想推薦一款可與原本機型共用的備份工具。這款工具支援資料共享，對於需要多台機器協同作業的客戶來說，非常實用，也獲得了不少好評。」

客戶：「太好了，這功能聽起來真的很有幫助。價格應該還好吧？」

提案型人才：「這類附加工具最近價格都有所調降。我會一併確認交期與報價後再提供給您。」

這樣的應對與照做型人才有何根本差異？

關鍵在於開頭那句話：「這次打算用在哪裡呢？」也就是**一句「為什麼」（Why）的提問**，讓提案型人才得以：主動挖掘客戶的真正需求（實際上是想要擴大使用）、擴展對話空間，提出額外的解決方案、提高客戶滿意度的同時，也創造更多業績機會……

這正是追問思維創造雙贏的關鍵方式。這裡的對話已經刻意簡化，但若進一步深入追問第二台設備的用途，也可能延伸出更多切入點，例如：是否需要內部網路支援？第二台與第一台的使用方式是否不同，是否該調整配備或軟體？

換句話說，只要願意多問一個「為什麼」，就能從單一需求發展出更多潛在機會，也展現真正的專業與價值。

反問一句「為什麼」，就能拓展更多機會

我們來用圖解方式整理「照做型人才」與「追問型人才」在應對上的差異。本案例中所說的「What」，指的是客戶開口說出的那句話，也就是「請給我○○」這類具體要求。而「Why」則是客戶想使用該商品的目的，也就是他真正的需求。

先從「照做型人才」的反應開始看起。（見圖表 5-1）

圖表 5-1　跑腿型業務的情境

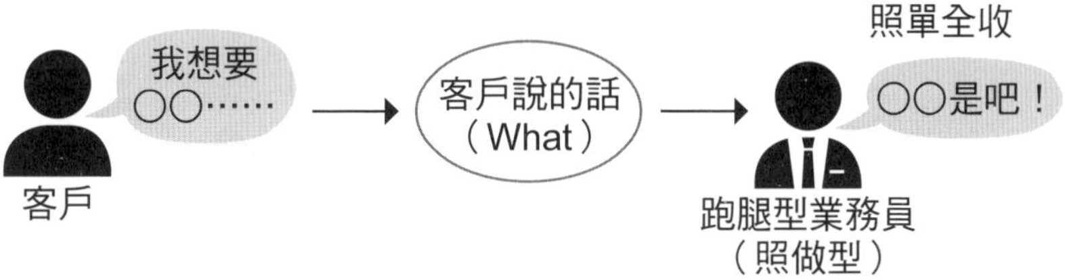

照做型人才會毫不懷疑地將客戶提出的表層要求「原封不動」地接受下來，然後直接進入下一個步驟，例如確認交期或製作報價單。

相較之下，提案型人才的反應就截然不同了。（見圖表 5-2）

圖表 5-2　提案型業務的情境 1

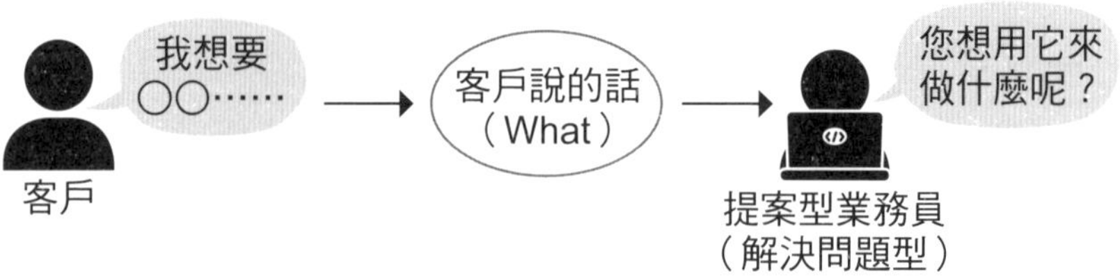

提案型人才會先用一句「為什麼？」，將客戶說出的表層要求「反問回去」，引導對方進一步說明背後的真正需求。（圖表 5-3）

圖表 5-3　提案型業務的情境 2

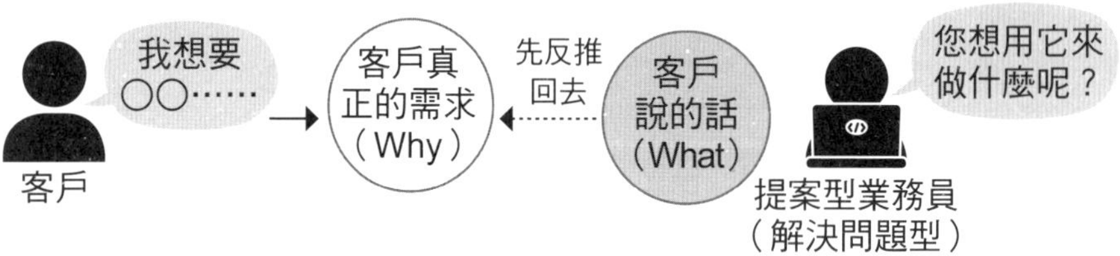

接下來，提案型人才會從對話中聽出真正的需求與目的（也就是 Why），再根據這些資訊，重新詮釋並提出最合適的解決方案（What），甚至進一步補充其他有價值的提案。（見圖表 5-4）

圖表 5-4　提案型業務的情境 3

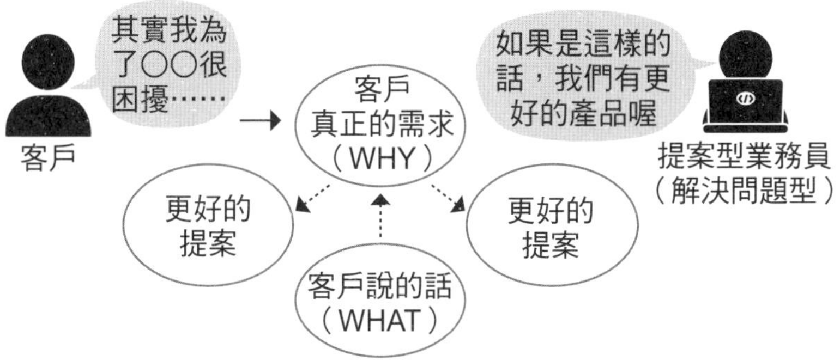

提案型人才會用一句「為什麼」將客戶一開始的要求（What）先推回去，藉此挖掘背後真正的目的與需求（Why），這正是「照做思維」與「追問思維」的關鍵差異。

簡單反問一句「為什麼」所帶來的好處，可整理如下：

- 能更貼近客戶核心需求，提出更佳、更完整的解決方案
- 不只銷售指定商品，還能主動補充其他關鍵配件或整體建議（即使不是本家產品也能設想周全）
- 若遇到缺貨或停產，也能靈活提出替代方案
- 透過對話延伸，有機會協助客戶意識到原本沒發現的潛在需求

- 即使客戶指定的是競品特色，也能引導轉向自家具類似機能的商品
- 最終提升滿意度，建立長期信任關係，成為「解決問題的夥伴」

這樣的對話邏輯不只適用在「客戶與業務員」之間，也完全適用於「主管與部屬」。若部屬只是照單全收上司的指示，很容易流於表面應付；但只要像探究型人才那樣多問一句「為什麼」，就能釐清目的、抓到重點，工作方式自然也會升級。

11 運用追問思維，讓溝通更有效

遇到卡關的部屬，該怎麼給建議？

接下來，讓我們來看看以下的情境：

情境練習 28 主管和部屬都是照做思維，會怎麼樣？

在一家中型系統公司工作的 A，是一名入社五年的業務人員。現在正值與主管 B 課長一起設定本年度下半期目標的時期。自入社以來，A 的業績表現一直穩定成長，但最近他開始覺得自己遇到了「瓶頸」。B 課長對此也有相同的看法。一直以來，A 都持續努力學習自家產品的知識，並致力於與客戶公司及窗口之間建立良好關係。

但另一方面，A 的業務風格多半是參考與模仿身邊的前輩所形成的，因此 B 課長認為，現在這種方式可能已經來到極限。為了突破這個瓶頸，他認為 A 應該開始以更宏觀的視角來思考自身的業務與客戶的需求，並且具備主動向客戶提出新解決方案的能力。

為了培養這樣的能力，他認為有必要透過更廣泛的閱讀與強化業務、會計等相關知識，並希望 A 能將這些作為今年的自我成長目標來設定。

針對這個場景，也就是 B 課長提出目標設定的建議，以及 A 的回應，可以想像出如上圖所示的四種溝通模式。

圖表 5-5　主管的指示與部屬反應的組合模式

		部屬的反應	
		照做型	追問型
主管的指示	照做型	模式① 照做型指示、照做型反應	模式③ 照做型指示、追問型反應
	追問型	模式② 追問型指示、照做型反應	模式④ 追問型指示、追問型反應

那麼，在模式①中，當主管與部屬都是「照做型」時，兩人的對話究竟會是什麼樣子呢？

模式① 主管與部屬都是照做思維的互動

B 課長：「今年的自我成長目標，我想建議你設定為『讀完 100 本書』，你覺得如何？」

A 部屬：「咦？要讀 100 本嗎？不過這 100 本的範圍要怎麼算？像是「遊戲攻略」應該不算吧？那種讀一半就沒看完的，也能當作一本嗎？還有，哪些書算是跟工作有關的，能不能先幫我訂個標準，這樣我比較好掌握。」

首先，B 課長提出的指示是「一年讀 100 本書」，這是一個非常具體的目標（What）。雖然具體化本身是好事，但這項指示卻缺少了背後真正的用意（Why）。

接下來，從 A 的反應來看，也呈現出明顯的照做思維。他把「一年讀 100 本書」視為最終目標，而非達成某個更高層次目標（Why）的手段，因此才會出現那樣的回應。

照做型的思考傾向，會讓人一開始就急著思考「要怎麼完成這項具體任務」，例如：開始煩惱「什麼才算一本書？」「攻略能算嗎？」「讀到一半放棄的算不算？」「哪些主題才能列入？」……與目標本質無關的細節，導致整個對話偏離原本應該關注的重點。

情境練習㉙ 主管是追問型、部屬是照做型，會怎麼樣？

接下來，請思考一下，如果在模式②的情況下，對話會是什麼樣的內容？

模式②：主管的指示是追問型，部屬的反應是照做型。

模式② 主管是追問思維、部屬是照做思維的互動

在模式②的情況，對話可能會出現以下這樣的對話：

B 課長：「我覺得你最近好像有點卡關，你自己怎麼看？」

A 部屬：「嗯，我也有這種感覺，跟以前比起來，這一年好像真的遇到了一些瓶頸……但具體是什麼原因，我也說不上來。」

B 課長：「畢竟你之前多半是模仿前輩的做法在跑業務，現在想要再更進一步，也許得多拓展一下視野，像是學點會計知識、了解一些通用的銷售技巧之類的，你怎麼看？」

A 部屬：「我明白。不過要從哪裡開始比較

好呢？」

這次 B 課長給出的指示是「拓展視野」，這雖然指出了 A 目前「卡關」狀態的根本解方方向，也就是背後的本質目標（Why），但相對來說並不具體。

在這種情況下，如果接收指示的 A 屬於照做思維（What），他就無法有效接住這樣的指示。因為照做思維的人，只有在收到明確、具體、可以馬上著手執行的指示時，才有辦法行動。

對 B 課長來說，內心或許會想「具體要怎麼做，應該要你自己去想吧」，但如果只是停在這種程度，那麼最終也難以轉化為真正有成效的行動。

情境練習 30 主管是照做型、部屬是追問型，會怎麼樣？

接下來，我們來看看模式③的情況，會是怎樣的對話？請試著思考看看。

模式③：主管的指示是「照做型」，部屬的反應是「追問型」。

模式③ 主管是照做思維、部屬是追問思維的互動

在這種情況下，對話可能會是這樣的：

B 課長：「今年的自我成長目標，我想建議『讀 100 本書』，你覺得如何？」

A 部屬：「讀 100 本嗎？B 課長您突然這麼說，應該是有什麼背後的用意或考量吧？」

B 課長：「咦？啊，對對對。應該要從那邊開始講才對。你說得沒錯。你覺得是什麼原因？」

A 部屬：「這個嘛……其實我這一年來感覺有些撞牆期。我在想，可能是我太專注眼前的事，導致視野變得狹隘了。或許我該多了解一些商業通識類的知識，培養新的觀點才行。」

B 課長：「那和我現在的想法完全一致。」

A 部屬：「果然是這樣啊。那我來思考看看具體該怎麼做。『讀 100 本書』這個提議其實也不錯。我會再想想應該聚焦在哪些主題，順便也問問身邊或業界的朋友，之後再跟您報告。」

就像模式①一樣，B 課長所下達的指示仍是「一年讀 100 本書」，這是一個非常具體的目標（What）。本案例與模式①的不同在於，這次提出回應的 A 是採用追問思維。

面對突如其來的具體目標，A 會主動確認 B 課長背後真正的用意（Why）。這就像前面提到業務員「反問回去」的情況一樣。於是，當雙方確認「需要拓展視野」的用意後，A 便以「具體該怎麼執行我會自己思考」的態度，展開了主動的行動。

一旦進入這樣的模式，這年度的目標設定就不再只是「被交辦的事項」，而是變成「自己思考、自己選擇的行動項目」，自然會更有可能確實付諸實行。

情境練習㉛ 主管和部屬都是追問型，會怎麼樣？

最後，來看看模式④的情況下，對話會是什麼樣子呢？

模式④：主管的指示是「照做型」，部屬的反應也是「照做型」。

模式④ 主管和部屬都是追問思維的互動

在這種情況下，對話可能會是這樣的：

B 課長：「我覺得你最近有些成長停滯的樣子，你自己怎麼看？」

A 部屬：「的確，我也覺得這一年相比過去，有點遇到瓶頸。」

B 課長：「也是。你一直以來都是學習周遭前輩的做法來進行工作，但如果想要再進一步，我覺得也許可以試著拓展一下視野，你覺得呢？」

A 部屬：「嗯，是這樣沒錯。我最近的工作模式有點變得一成不變，一旦遇到不順時，就很難靈活應對……說實話，我的確覺得自己視野變得狹隘了。老是在處理一件又一件的個別案子，反而沒時間去想：自己究竟該成為怎樣的業務人員。」

B 課長：「那你覺得該怎麼做才好？」

A 部屬：「我想……首先可以多讀一些書，或是廣泛學習一些像會計這樣的商業通用技能應該會有幫助。至於該從哪些領域開始讀起，我想先去詢問身邊的人和一些業界前輩之後，再跟您報告一次。」

與模式②類似，B 課長的指示是「拓展視野」，點出了 A「成長停滯」問題的根本解決方向（Why）。對此，習慣思考「為什麼」的 A，會先從自身課題出發，思索其背後的本質原因，並在腦中具體檢證，確認「自己的視野確實變得狹隘」是合理的。接著，他也能像模式③一樣，主動開始思考接下來該怎麼做，展現出由「為什麼」延伸至具體行動的積極態度。

這樣的互動模式，不僅促進了主管與部屬之間的本質對話，也提升了行動的內在動機與實踐可能性。

全體總結

回顧一下前文提到的四種模式，總結它們的特徵。圖表 5-6 列出了每種模式的主要特色。

- 模式①屬於部屬始終無法獨立行動的狀況。就像雛鳥在巢裡張開嘴等著親鳥餵食一樣，主管不斷提供

圖表 5-6　各種模式的整理

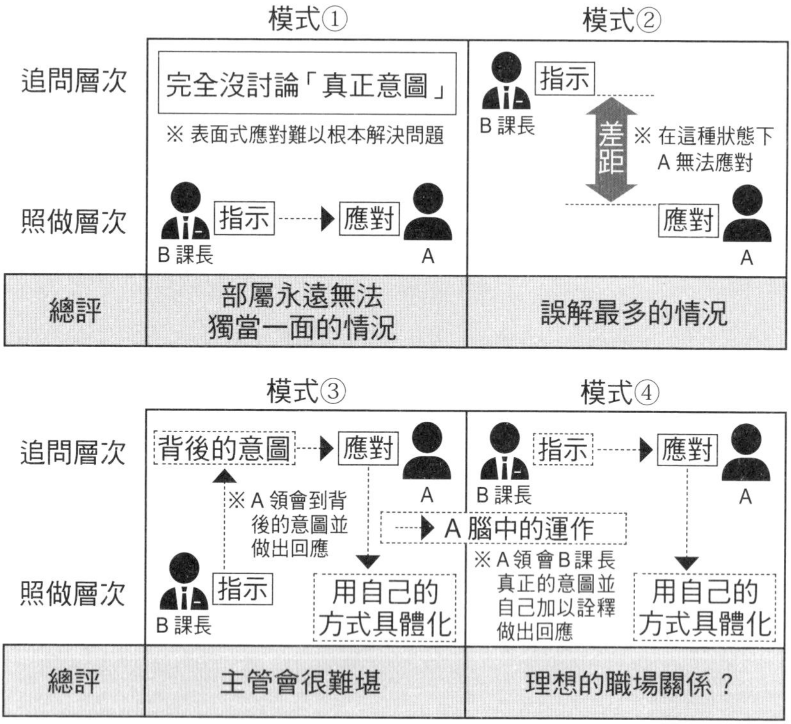

細碎明確的指示，但部屬的照做思維始終沒有改善，雙方也未能共享彼此的觀點，因此極易產生誤解。

- 模式②是最容易出現誤解的類型。照做型部屬若沒有明確且「可以直接執行」的指示，就無法付諸行動。
- 模式③則是部屬的思考層次比主管還要高明，讓主管感到有些難堪的情況。

- 最後的模式④，是理想的主管與部屬關係範例：主管提供方向（Why），部屬正確理解其用意後，再自行思考具體執行方法（What）。

當然，前述說明也需視情況而定，例如「時間緊迫」時，與其給予模糊方向（Why）造成誤會，不如直接下達明確且具體的執行方法（What）更為有效。

另外，若想培養照做型部屬具備追問思維，不妨一開始使用「Why ＋ What」並行的指示，隨著時間逐步減少指令的比例，會是個有效策略。

本章節從「主管與部屬的關係」出發，解析追問型與照做型的互動樣態。理解這些結構後，再運用於職場溝通中，將能大幅減少彼此的「溝通不順感」，提升整體工作效率。並不是說哪一種組合一定好或壞，而是能否掌握這些類型並善加運用，才是關鍵。

此外，文中提到的「一年讀 100 本書」，其實也可替換為其他常見指示，例如：「每天拜訪 5 位客戶」、「會議兩小時內結束」、「每天聽英語 30 分鐘」……這些都能套用本章所說的互動模式，進行靈活應用與理解。

主管與部屬之間，為什麼會有溝通落差？

接下來，讓我們以「主管與部屬」的互動情境，從「追問型」與「照做型」的角度，來說明職場上常見的溝通落差是如何產生的。

在日常業務中，主管與部屬之間的對話經常發生理解錯位的情況。透過實際對話案例，我們可以深入剖析雙方在認知上的根本差異，進一步釐清導致誤解的本質原因。

請試著思考接下來的情境練習。

情境練習 32 為什麼主管和部屬會有溝通落差？

A 主任與 B 業務的對話

A 主任：「B 君，最近的案子一直沒成交，情況怎麼樣？」

B 業務：「我還是有到處拜訪客戶啦，但現在這個時局，各家公司狀況都滿嚴峻的。」

A 主任：「你有確實聽客戶說話、了解他們的煩惱嗎？不會只是單純在跑行程吧？」

B 業務：「這點我有注意啊，畢竟您常常提醒我這件事，我都有放在心上。不過，真的還是滿難突破的……」

A 主任：「真的是這樣嗎？你有沒有挖掘到客戶真正的課題？我總覺得你在提問上還是不夠深入。」

B 業務：「可是要怎麼做才算深入呢？每位客戶的個性和背景都不一樣，我自己覺得已經做得還可以了……」

像這樣的對話，其實並不限於業務部門，幾乎在所有「主管與部屬」的溝通中都有可能出現。

雖然雙方不會明說，但可以想見，主管內心可能在想：「他說有在聽客戶說話，八成只是照本宣科地問一句『有什麼困擾嗎？』然後對方說『沒有』就真的信了，然後就這樣回來了……如果是我親自出馬，一定能處理得更好。」

而部屬心裡則可能會想：「我已經很努力了，主管根本沒來現場看過，卻總是講一堆正論，根本不知實際狀況有多難。」

那麼，像這樣的溝通落差，是怎麼形成的呢？這正是我們接下來要探討的重點。

一般來說，擔任主管的人，多半是一路累積成功經驗上來的，因此他們在商談應對、引導客戶說出真正需求等「思考方式」上，往往具備相當優勢。

相對而言，部屬雖然在經驗或思考方式上相對不成熟，但在「掌握第一線現場資訊」這方面，則是占有優勢。正因如此，雙方之間的認知落差，很容易成為造成溝通障礙的根源。

如果從本書的核心概念：「追問思維」（Why）與「照做思維」（What）來分析，就可以看出這正是一種典型的思維落差對立的構圖。（見圖表 5-7）

圖表 5-7 主管與部屬的溝通落差

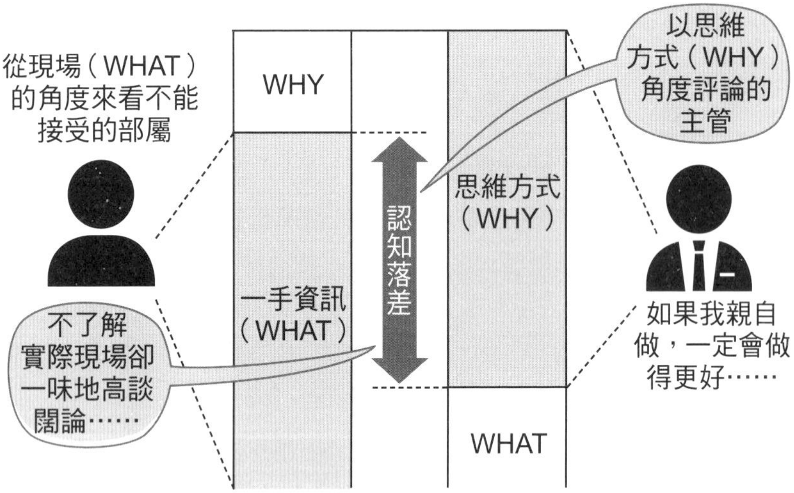

主管關注的是「為什麼要這麼做」的思考邏輯，以及「問題的根源與背景」；而部屬則將重點放在「實際在現場發生了什麼事」這類具體現象上。如此一來，雙方的對話難以對焦，也就不難理解了。

要化解這種落差，第一步就是雙方都要先認清並共同理解這種差異的結構。

主管在對部屬指出其思考方式（Why）的薄弱與不成熟時，不能只停留在指責，而應該同時聆聽部屬提供的現場資訊（What），再結合自身的視角，給出具體可行的建議。

反過來，部屬也要有自覺，理解自己的思考仍有不足，並設法將自己直接觀察到的事實清楚地傳達給主管。透過這樣的互補合作，部屬能在理解「為什麼」的基礎上，進一步掌握如何從更高視角處理實務問題，進而邁向下一步行動。

前述的討論雖是以「主管與部屬」為例，但若將其套用在「總部與現場」的關係上，也同樣成立。

總部往往擅長從整體、長期、戰略的角度思考問題，也就是典型的追問思維；但對於現場第一手資訊（What）的掌握則可能較為薄弱。反之，現場人員熟悉日常發生的具體事件，擅長執行任務，但其思維模式往往較為短視、局部、或傾向應急反應。

雙方若彼此缺乏理解，就容易出現「他們根本不了解實際情況」的想法。這種斷裂，其實也和主管與部屬之間的落差如出一轍。

回到根本，這正是「追問思維」與「照做思維」在組織內部產生對立的典型現象。

12 如何把追問思維運用在提案中？

替代方案的三個層次：從「松竹梅」看提案力*

追問思維（Why）的一大特點，就是不會滿足於單一選項，而是能夠接連提出多種可能性與備案。所謂「用追問思維提出替代方案」，並不只是單純提出不同意見，或隨便找個替代方案，而是具備邏輯與策略的提案能力。

正如本章一開始所說的**「回推原點」，便是發想有效備案的重要方法**。透過這樣的思維，可以釐清原始目的與本質問題，進而開展出多種選擇，而不是陷入只有「要不要接受這個案」的二元僵局。

接下來，我們將從追問思維與照做思維的差異，來說明

* 日本習慣以「松竹梅」對應上中下三等。

兩者在提出替代方案時有何不同。

表面上看來，兩者都能「提出另一個方案」，但實際上，照做型的備案往往停留在操作層次，僅是替代手段；而追問型的備案則源自對目的與前提的重新思考，因而具有更高的說服力與靈活度。

換言之，是否能夠提出「有策略、能選擇、能應變的備案」，正是追問思維的價值所在。這不僅是一項表達技巧，更是每個專業工作者都該具備的核心能力。

我們現在要進一步探討具體的「替代方案提出方式」。無論是先前提到的「顧客與業務員」的關係，還是「主管與部屬」的關係，其實我們的日常工作基本上就是一連串「接到他人請求，並設法解決」的問題處理過程。

讓我們再具體分段來看。這裡以「顧客與業務員」的情境為例來說明：假設顧客對某項產品提出了某種需求或期望。若該需求能立即被滿足，例如顧客要求的商品剛好有庫存，能馬上出貨，那當然毫無問題。

但若顧客所提的要求無法立即應對，例如商品已經停產、目前缺貨且無法預測何時補貨，或是該產品規格只有競爭對手擁有，那情況就不同了。

在這種情況下，最糟的應對方式，從商業角度來說，就是直接告訴顧客「您要的商品沒有」，然後拒絕對方。這樣不僅會讓顧客失望，也無助於提升自家業績，最終誰都沒有好處。

因此，只要是有商業敏感度的人，大多會思考能否提出某種「替代方案」。這正是運用追問思維（Why 型思考）的大好時機。

梅：莫名提出無關的替代方案

最「缺乏技巧」的替代方案做法，就是像打牌時把現有手牌攤出來一樣，僅僅是將「現在有的商品」或「公司主推的產品」拿來推薦，與顧客原本提出的需求毫無關聯。這裡我們暫且稱這種做法為「梅」方案。（見圖表 5-8）

顧客：「有沒有〇〇這項商品？」

業務：「〇〇目前缺貨，不過我們現在有××在做促銷，您有興趣看看嗎？」

圖表 5-8　松、竹、梅三種替代方案提案法

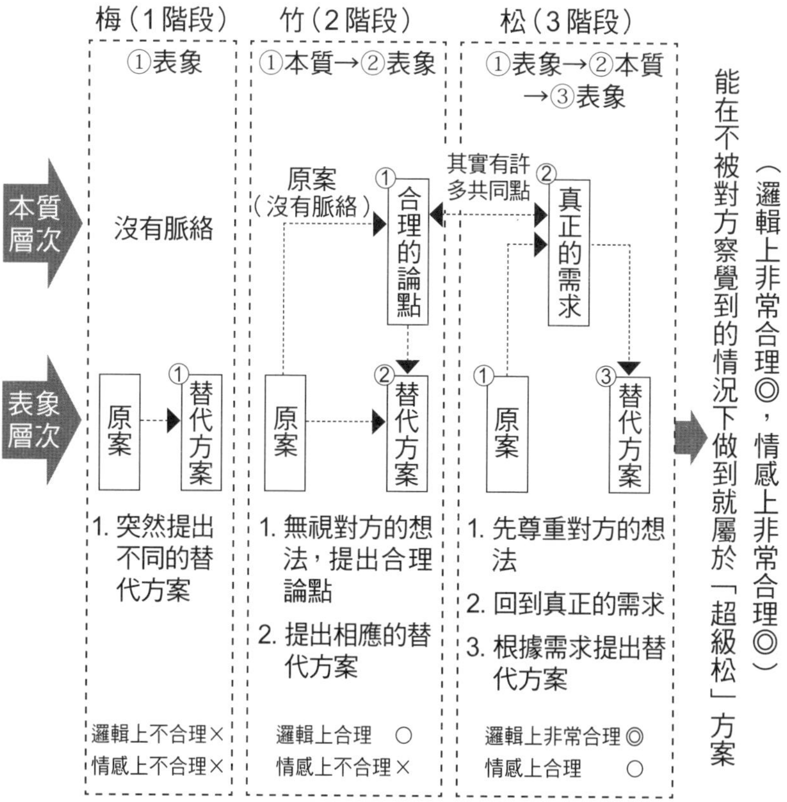

這樣的對話其實很常見，也很容易不小心就說出口，但這種「產品導向」的百分之百供給方邏輯，不僅無法實質滿足顧客需求，還可能在情感上讓顧客感到被忽略或不受尊重。換位思考一下，如果我們是顧客，被這樣回應，多半也

會覺得不太合適。

這樣的做法追根究柢，是因為只在表層理解事情，結果就只是把「顧客提出需求」換成「我們能提供的服務」，表面上看起來像是回應，實際上只是偷換話題。

竹：突然說出大道理，並提出替代方案

這類替代方案的提出方式，多少帶有一些追問思維的成分。基本上，會先做一番「理由說明」後，再補上一個新的選項。例如說：「現在流行的是這種款式」、「從理論上來看會是這樣」，或者引用名人、學者的話：「○○○說過……」，甚至舉出業界龍頭企業的做法：「XX 公司現在這麼做喔」……用這類看似「大道理」或具權威性的說法，搭配新的產品或建議。

乍看之下，這樣的替代方案似乎是從「對現狀的解釋」這一層面出發，因此比起「梅案」那種隨意亂推其他選項的方式，會顯得稍微有理一些。然而，這類「竹案」的問題在於，所謂的「大道理」其實與顧客最初的需求毫無脈絡，再次回到了單方面的賣方邏輯。

這樣的提案是否能真正回應顧客的核心需求，仍值得懷疑。不過更大的問題，其實在於對顧客情感層面的影響。即使這項建議在邏輯上再正確，只要是在完全忽視顧客原本想法的情況下提出來，即使那個想法本身並不精確，也很難讓人感到愉快。這種方式常見於那些「略懂理論」或「個性上過度追求正確」的人，但結果往往不如預期。某種程度上，這甚至可說是「扭曲的追問思維」所導致的副作用。

松：尊重對方想法，符合真正需求的提案方式

那麼，真正熟練追問思維的人，會如何提出更合適的替代方案呢？這就是所謂的「松案」（見圖表 5-8 右側）。

「松案」的第一步，是從徹底理解對方最初的提案內容（表層的「做法」）開始。為了理解這個「做法」背後的真正目的（也就是「Why」），需要透過對話，細心聆聽並詢問，幫助對方釐清他們的本意。

當這個「理由」被清楚地揭示出來之後，便可以根據對方的真正需求，重新提出一個更符合的「做法」。例如可以問：「您的意思是……？」「您希望藉由這個來達成什麼呢？」透過這類提問，逐步引導出對方真正想實現的目標。

當對方說出「其實我想做的是……」時，就是重新提案的好時機，可以順勢提出比對方一開始指定的選項更貼切的替代方案。

這種做法的關鍵，是先**將對話聚焦在對方的「理由」，然後再根據這個理由，回頭提出最適合的「做法」，這是一種「回旋式提案法」**，也是熟悉追問與照做思維架構後，所能活用的實戰技巧。

如此一來，不僅能從邏輯上導出更適合的答案，也能在情感上讓對方覺得被理解與尊重，從而接受新的選擇。這正是前文提到的「反推」技巧，應用在更複雜情境中的具體操作方式。

這類「松案」也不限於當對方提出的選項無法提供時才使用。即使對方已有明確選項，如果你判斷那選項未必真正符合對方的核心需求，也可以主動引導這個對話流程，提出更貼近本意的建議。實際上，很多人會指定自己過去用過的商品，只是因為不知道已經有了更好的選擇而已。

這時，就是發揮追問思維的最佳時機。透過提問，幫助對方重新看見自己的「理由」，進而提出真正契合的「做法」，這才是最理想的提案方式。

更進階的「超級松」提案

其實，「松案」還有更高階的進化版本，那就是「超級松」。

「松案」的做法是透過間接「反推」客戶最初的意見，導出更貼近需求的替代方案；而「超級松」則進一步做到**「巧妙地引導客戶，使其以為替代方案是自己想出來的」**。

具體作法是，在釐清背後原因（本質）之後，透過一連串開放式提問，例如：「如果情況是這樣，您會怎麼想呢？」或「那大概是什麼樣的情境呢？」……藉由這些提問讓客戶「自行察覺」新的選項，甚至「主動做出選擇」。

這類技巧難度雖高，但若能掌握其精髓，將大幅提升客戶的參與感與認同感。因為當選擇被視為「是自己決定的」，後續的滿意度與接受度也會明顯提高。

本節重點在於運用「本質對應多個表象」（理由對應多種做法）的關係結構，來設計更高明的替代方案提案策略。當然，實務上仍須依商品特性與客戶類型靈活調整，並非所有情況都必須採用「松案」，更不代表「梅案」一定不好。例如：當情況急迫、商品本身簡單、或客戶對產品沒有特別要求時，「梅案」反而可能更有效率。

但整體而言，**只要掌握追問思維，就能減少直接說「不」的次數，提升回應需求的可能性；更重要的是，能夠提出連對方自己都未曾意識到的、更符合其真正需求的解決方案，進而獲得更深層次的信任與滿意。**

第 5 章　重點摘要

- 追問思維（Why 型思考）可廣泛應用於各種商業情境。
- 在業務銷售中，透過「適度反問」客戶的原始提案，能更準確回應其真正需求。
- 採用追問思維的業務人員，字典裡沒有「因價格輸給對手」這種說法。
- 在主管對部屬的指示與教導中，也必須清楚區分是在談「理由」還是「做法」，並有意識地加以區分。
- 這樣不僅能提升成果品質，也會影響部屬的成長速度。
- 主管與部屬之間的溝通落差，往往來自於：主管著眼於「理由」，而部屬只看到「做法」，導致彼此難以對焦。
- 採用追問思維的人，更擅長提出高品質的替代方案。

第6章

從教育開始
擺脫「照做思維」

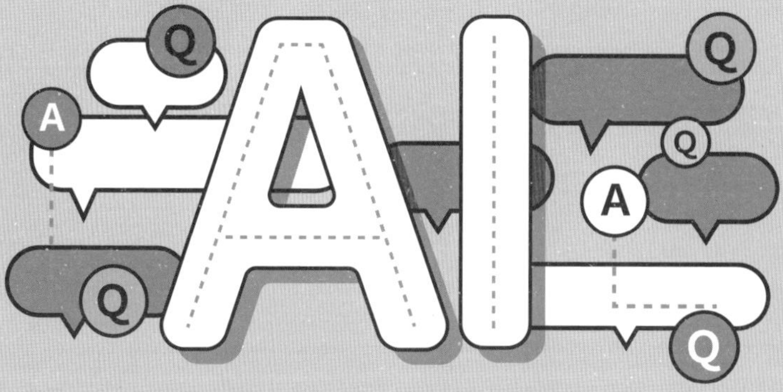

13 「填鴨式教育」與「啟發式教育」有何不同？

「照做型人才」正是過去「填鴨式教育」下的產物。從人才培育的角度來看，「照做思維」與「追問思維」所對應的教育與制度環境，可說是截然不同。本章將從人才養成的觀點出發，對這兩種思維模式進行對比。

內容主要聚焦於我在實際職場所見所聞的企業內部人才培育現場，對「追問思維」與「照做思維」在實務上的差異進行探討。不僅如此，我也將延伸討論目前各界重要人才所出身的學校教育體系，透過「啟發式」與「填鴨式」兩種對立觀點，深入比較其背後的教育邏輯與養成環境。

首先，我將說明「填鴨式教育」與「啟發式教育」的基本差異，再從實際案例切入，具體探討「填鴨式教育」所帶來的隱憂，以及該如何強化「啟發式教育」的實踐方式。

培育「追問思維」與「照做思維」人才的差異

我們來看看在人才培養上，「啟發式」與「填鴨式」兩種截然不同的思維有什麼根本差異。兩者之間的差別，不只是方式不同，而是思考的出發點就完全相反。

前言提到，過去的教育體系，從學校教育到企業內部訓練，基本上都建立在「照做思維」的基礎上，強調大量記憶與正確答案，培養出「標準答案型」人才。

這種教育模式在過去作為追趕歐美的手段確實發揮了功能，但若要培養具備「追問思維」的人才，則必須從根本重新設計整套教育與培養的邏輯架構。

圖表 6-1 整理出兩者在基本立場上的差異，可以先從教育方法的出發點來看。

所謂「填鴨式教育」，是建立在教學雙方「知識不對等」的前提之上。也就是說，教學的重點在於：把知識「由懂的人傳給不懂的人」。而**「啟發式教育」則不同，其核心立場是刺激學習者的思考迴路，讓對方主動去思考、去找出自己的觀點與答案**。

這樣的差異，就構成了兩者在教育理念上的根本對立。本章最後會附上一份對照表，方便你在閱讀本章時或閱讀之

圖表 6-1　填鴨式與啟發式教育的差異

後回頭對照參考。

先從「指導者」的定位來看。填鴨式教育強調「知識不對等」，所以教師的首要條件，就是要比學生懂得更多，甚至擁有「唯一正解」的權威。換句話說，只要手上握有一套模範答案，就能作為指導者。

然而，啟發式教育的重點並**不在於「比學生更強」**。真正重要的是：能不能讓學生自己思考。這裡要特別說明，「不必比學生厲害」，並不等於「誰都可以當老師」。真正能帶出學生思考的人，需要的是一種「引導力」的專業。

舉個例子會更清楚：就像運動選手與教練的關係。大多數教練並不具備選手的實戰能力，否則早就自己下場比賽了。但這並不表示當教練容易，反而需要在「如何引導與激發」這個不同的土壤上，具備專業的技巧與經驗。

你或許已經察覺，這正是我們現在常說的「教練式溝通」（coaching）。**啟發式教育，正是以這種教練式思維為基礎**。近年來，「教練模式」蔚為風潮，也與社會對「啟發式教育」的需求不斷提升有關。

照做型人才靠「被培養」，追問型人才靠自己成長

思考這件事，從本質上來說，是一種極為主動的行為。因此，照做型與追問型人才培育之間最根本的差異在於：照做型人才，即使處於被動，也有可能透過外力培養出來；但**追問型人才，若非本人主動選擇這條路，無論外界如何努力，都不可能讓他真正成長起來**。

換句話說，照做型人才是可以「由他人培養」的，但追

問型人才必須自己想走這條路，才有可能真正養成。外在環境再熱心也無法強行「教出」這種人。

填鴨式教育重視知識背誦與記憶，自然也形塑出一套按部就班的學習模式。這類成長往往與投入時間成正比，例如：背英文單字、記九九乘法……多半只要花時間就能見效，屬於典型的「輸入導向」成果。

那麼，追問型人才的成長又是怎麼發生的呢？關鍵在於，是否能夠主動思考。這看似簡單，實際上卻是一段不容易的歷程。剛開始嘗試思考時，就像面對一張空白畫布，不知從何下筆，常常陷入無法產出的困境。

但一旦透過反覆試探與練習，逐漸找出自己獨有的思考方式與邏輯，後續的成長就會明顯加速，創造力也將隨之展現。

填鴨式學習多半依賴外部灌輸，是一種推式學習；而啟發式學習則需要從內而外引導，是一種拉式學習。英文單字「Education」源自拉丁文 *ex-ducere*，意為「引導出來」，說明真正的教育並非灌輸，而是引出內在潛力。

換個角度說，照做型人才是「教育的對象」，就像一個等待被塑形的材料；而追問型人才則必須是主動生長的種子，只有自己願意發芽，才有可能茁壯。

愛爾蘭劇作家蕭伯納（George Bernard Shaw）曾說：「如果你把某件事教給一個人，他將永遠無法真正學會。」這句話，正好道出追問思維的核心——真正的學習，只能從內在啟動。

人與人之間差異本來就存在。有些人善於被教導，有些人擅長自我摸索，也有人能在接受指導後進一步深化理解。但可以確定的是，**一旦養成「等人給答案」的習慣，就容易逐漸失去獨立思考的能力**。

教育最大的風險之一，就是讓人變成「張嘴等餵食的小鳥」，習慣依賴外部資訊，卻無法自主判斷。這也是為什麼「教了就能學會」這種理想情境，其實並不容易實現。

從追問思維的角度來看，那些真正能成長的人，往往不是靠教出來的，而是自己去觀察、去偷學、去摸索。他們不依賴他人灌輸，而是在過程中養出屬於自己的眼光與方法。也正因如此，追問型思維之所以難得，正是因為它必須由自己主動開啟，無法被他人強加。

14 追問型與照做型，成長曲線截然不同

啟發式教育會加劇人才「兩極化」的現象嗎？

前文從各個角度對比了填鴨式（What）與啟發式（Why）教育的差異，接下來要討論的，是這兩種教育方式所帶來的「成長曲線」有何不同。（見圖表 6-2）

我們必須先確認一個前提：照做型人才即便處於被動，也可能透過外力被培養起來；但追問型人才，則只能靠主動思考才能成長。因此，只要提供完善的環境與清楚的教學內容，就能穩定培育出照做型人才，並看見明確的成效。

接受填鴨式教育的人，會隨著時間穩定成長；但反過來說，他們的成長幅度很難出現突破。大型企業所提供的教育制度，乍看之下非常理想：公司定義出「理想人才的樣貌」，針對不同職階設計一整套培訓課程，新人訓練、三年目研

圖表 6-2　追問型與照做型的成長曲線

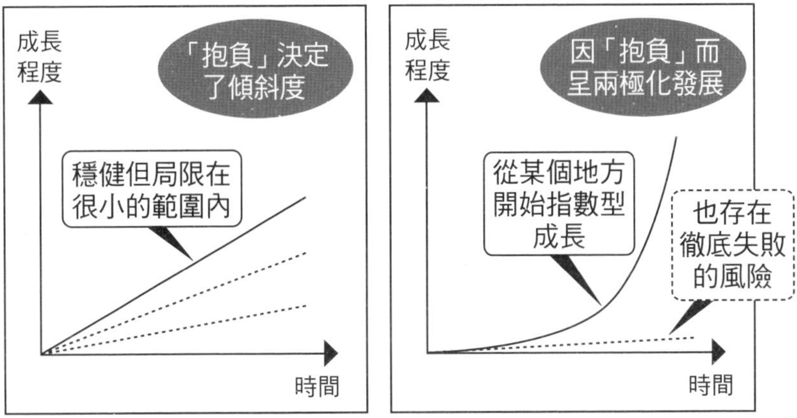

「完善」環境下的照做型人才　「不利」環境下的追問型人才

修、五年目研修，甚至一路到主管訓練班，從課長、部長、總監，階段分明、規劃齊全。

然而，這樣的安排，真的是幸福的象徵嗎？

在這種制度下，只要到了某個時點，公司就會自動發出通知，指派你「在什麼時限內、在哪裡接受什麼訓練」。只要乖乖照做，就好像自己已經穩穩地搭上通往成功的列車。這種感覺雖然讓人安心，也確實能抵達某個「目的地」，但問題是：那個目的地，真的是你該前往的方向嗎？

在當今這個變化劇烈的時代，如果你從不曾懷疑：「我現在努力學的東西真的是對的嗎？」「我應該繼續沿著這條路走下去嗎？」那麼你就無法培養出對學習最重要的資產——批判思維。相反地，會在不知不覺中養成一種「知識依賴」，只習慣等別人告訴我答案，喪失了主動探索的意願。

追問型人才的成長曲線，則只有在擺脫這種「知識依賴」之後，才有可能真正展開。

舉例來說，在某些中小企業或新創公司這類資源匱乏、制度不健全的「劣勢環境」中，常常沒有人指導你怎麼做，只會丟下一句「你自己想辦法」。剛開始時，一定會經歷漫長的試錯與摸索階段，非常低效。但**如果能在這段混亂中逐漸摸出自己的思考邏輯與方法，接下來的成長速度便會急遽提昇**。

事實上，那些在某個領域取得卓越成果的人，幾乎都有過這段「靠自己撐過低谷」的經歷。他們總有一段說不完的掙扎故事，而這些過程，正是他們能夠大幅成長的養分。「先蹲才能跳得更高」，用來形容這類經驗再貼切不過。

不過，這樣的成長曲線也伴隨風險。如果努力過後仍未找出解法，或更常見的情況是，將失敗歸咎於環境、放棄自我努力，那麼最終將一事無成，什麼也得不到。

這種成長差異的關鍵，往往來自**「志向的高低」**。當人們身處於一個無法依賴外部資源的環境時，這樣的兩極化現象就特別明顯。

相比之下，照做型的成長軌跡較少出現這種極端的分化。在相同的學習制度下，即使是不同志向的人，差距也只會反映在「成長曲線的斜率」上——也就是說，志向高的人，雖然和他人走在同樣的制度軌道上，但仍能從中取得更多成果。不過，即使再怎麼努力，這種差距也無法像追問型那樣出現指數級的成長跳躍。

理想的狀況，應該是像圖表 6-3「先透過填鴨式教育建立穩固的基礎，再由個人主動轉向啟發式學習」，兩者兼得，才是最完整的成長路徑。

圖表 6-3　理想成長曲線：兩者兼得

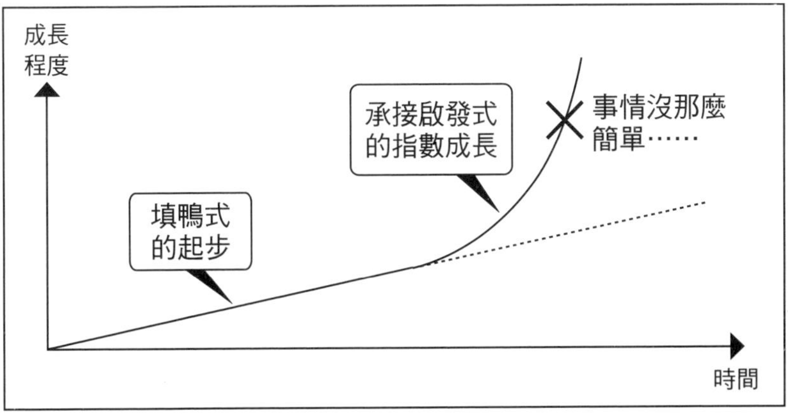

但現實往往不是這麼美好。那些從劣勢環境中努力成長起來的人，長大後常會為了讓後人免於吃苦，反而為他們建構出一個「過於舒適」的環境。但這樣的安排，卻也讓下一代失去了當初讓自己成長的那股「主動開創力」，從而陷入了教育上的悖論。

提高平均值的「填鴨式」，
培養頂尖人才的「啟發式」

從圖表 6-2 的兩條曲線可以看出，「填鴨式教育」比較適合用來整體拉抬學習成效、提升平均水平。相對地，**「啟發式教育」則容易產生兩極分化的結果：有些人能主動成長，也有人會中途脫隊**。若問這樣放手型的教學是否適合每一個人，答案很可能是否定的。

但同樣不可否認的是，想要培養出潛力人才，非得具備「啟發式」的學習環境不可。這兩者遺憾的是很難兼得。因此，我們在設計教育制度時，必須清楚判斷目標是什麼：是要讓整體學習成效往上提升？還是想激發那些具備主動學習意願者的潛能，讓他們走得更遠？

如果只談到這裡，可能會有人質疑：「這樣說來，追問式教育不就是把『跟不上的人』排除在外了嗎？」對此，我想從兩個角度補充說明：

1. 即使追問式教育確實無法讓「所有人」都產生成效，尤其是在缺乏動機的情況下幾乎無法帶來改變，但反過來看，這更凸顯「引發學習動機」在第一階段的重要性。這不是缺點，而是一種提醒。
2. 如果說「提升平均分數」是依據單一尺度衡量的成果，那麼，**「讓人成為頂尖」的方式則有無數種方向**。換句話說，追問式教育的目的不在於把人塑造成同一種「菁英」，而是讓每個人發展出自己的風格與專長。真正的多元成長，不該只看單一標準。

傳統師徒制，其實是理想的「啟發式教育系統」

前文提到，「不靠教導，而是自己學會」正是培養追問型人才的核心。而這樣的方式，其實早已長年存在於日本的傳統技藝世界裡。所謂的「師徒制」，正是這類模式的具體展現。也許有些讀者會覺得這種制度既老派又缺乏科學根據，是不合時宜的育才方式，但從我們前面討論過的學習曲線來看，這套制度其實是一種高度合理且完整的養成機制。

在這樣的師徒制中，剛入門的學徒往往要從許多與本業無關的雜事做起。就像棒球新人必須從撿球開始、古時候的學徒要負責掃地擦地一樣，這些工作正好對應到「啟發式學習曲線」中初期那段平緩的成長階段。

這些雜務期可能會持續好幾年，而真正的專業學習則要靠學徒在縫隙中自己爭取時間摸索。在這段期間，不僅時間有限，更沒有人會耐心地一步步指導，因此學習主要仰賴「偷學」師傅的技巧。正因如此，這段時期可說是學徒最「飢渴」的時候，處於高度飢餓狀態之下，就像乾海綿一樣對知識具有極強的吸收力，為日後快速成長奠定基礎。而對於動機不明確的人，往往就在這個階段中途放棄，這也與追問式學習曲線的兩極化特徵相呼應。

來看幾個例子。首先是落語界*，三遊亭圓丈在《五位落語家談前座†修業》（５人の落語家が語るザ・前座修業）

---

* 「落語」是一種日本傳統的單人說書表演藝術，表演者（稱為「落語家」）坐在舞台中央的坐墊上，用幽默風趣的語言、聲音變化與手勢來說故事，通常故事中會有多個角色，但由一人詮釋。這些故事往往有強烈的日常感、幽默感，並且結尾常帶有「落ち」（押韻或反轉的結語），這也是「落語」（字面為「有結尾的話語」）的由來。

† 「前座」是指最下一級的落語家。

中指出，修業的重點在於「不被教會」，他這樣說：

修業中最重要的一點就是「藝要靠偷學」。那些被教出來的技巧根本有限。我當前座時，總是專注聆聽前輩的表演。除了自己領悟、實踐，沒有其他路可走。

同書中，柳家小三治也分享了相似的觀點：

（我的師父）是出了名的放任主義者……他對我說：「藝是偷來的。我在台上怎麼演，你自己去聽、去學。學會了再來給我聽聽。」

我只有一次機會，能夠面對面讓師父聽我講落語，其餘時間都只能在舞台邊偷學。

現在回想，我很慶幸當時被丟著自生自滅。因為如果他當時直接告訴我哪裡不好、該怎麼改，或許我能做得稍微好一點，但肯定無法超越那個水準。

另一個例子來自「宮大工」（傳統木作建築匠人）。曾在「法隆寺的鬼」──西岡常一手下學藝的菊池恭二，在《宮大工的人才養成》（宮大工の人育て）中提到，即便是看似體力勞動為主的工作，也更需要「思考」。他說：

> 我們這類職人的世界，真正成大器的往往不是那些學什麼都快、動作俐落的人，而是那些動作慢、總是反覆問自己「為什麼做不到？為什麼要那樣做？」的人。
>
> 正因為學得慢，才會不斷去找答案，也因此能深入理解事情背後的邏輯。

讀到這裡，想必你已明白他所說的「學得慢」其實不是貶義。相反地，這正是對「照做式教育」強調速度優勢的一種反證。正如菊池氏所補充：

> 會留下來的徒弟，與中途離開的徒弟，差別在於是否擁有「主動學習的意願」。

這句話，正好印證了前文所說：「啟發式學習曲線的本質，是兩極化。」

這些例子無論是落語還是傳統技藝，都有一個共通點：這些領域的學習不只是模仿，而是需要深度「思考」。要在這些領域做到出類拔萃，靠的不是「填鴨式」的模仿，而是伴隨著「思考」的學習歷程。也因此，「邊思考邊偷學」，成為一條極為有效的成長之路。

此外，這類修業的初期通常都是從掃地、撿球等與技藝無關的雜務開始。也正是在這段漫長的「下積時期」，累積出一種飢渴感與求知動機，最終促使學徒主動思考、進而爆發性地成長。如果從這個角度來看，就更能理解「啟發式學習曲線」的真正含義。說到底，要飛得高，就得先蹲得深。

填鴨式教育，越來越被機器取代

所謂「填鴨式教育」，本質上是知識的傳遞，因此基本上可以是「教的人」單方面傳達給「被教的人」。極端一點說，即使學習者全程不發一語，也仍有可能達成教學目標。

但「啟發式教育」則完全不同。因為其核心目的是引導對方發掘自身的能力，因此彼此的互動不可或缺。更重要的是，這樣的學習場域並非只有一個標準答案，因此教學過程中，**需要教學者根據學生的回應，精準地給予回饋與引導，也就是所謂的「來回接球」**。這樣的教學方式，不但更需要創意與靈活性，也要求教學者因材施教，並透過對話激發學習動機。從目前的技術來看，這仍是只有人類能勝任的工作。

相反地，填鴨式教育因為具有「單向傳授」、「只有唯一解答」、「即使制式也無妨」等特徵，**非常適合透過電腦或智慧型手機等數位內容進行教學**。因此，若只是單純地輸入知識內容，這類教育完全可以由機器執行。雖然教材本身仍需由人製作，但只要完成一次，就能透過網路或電子媒體不斷傳遞並發揮效果。

企業內部教育也呈現相同趨勢。純粹傳授知識的填鴨式訓練，將可透過 e-learning 或網路學習進一步自動化與節省人力。而真正需要人的參與與對話的部分，則會集中在啟發式教育上，這也將是未來企業培訓發展的理想方向。

15 提問，是錯的，還是萬事的起點？

「現在能問問題，是你最大的特權」背後的含意

書中所談的「教育」，不僅限於學校教育，也包括企業現場的 OJT（On-the-Job Training，職場在職訓練），這一點我們先前已經提到。談到 OJT，我想起一句在職場裡經常對新進員工說的話。我自己也曾被這麼提醒過，後來也對學弟妹說過好幾次。

這句話是：「現在還能問問題，就趕快問，不然以後就沒機會了。」

相信讀者對這句話也不陌生。幾乎每個新進員工，在入職初期多少都會被學長姐這樣叮嚀。表面上看，這句話的意思是：「等到之後，很多問題會因為不好意思而難以啟齒，現在能問就多問一點吧。」但你是否想過，這句話背後的真

正意涵是什麼？

為什麼「現在」可以問，而「以後」問就會令人感到羞恥？真正的問題出在哪裡？

我認為，這句話正反映出職場在人才培育上，長期採用「照做思維」的教育模式。

事實上，**在職場上看似平常的「發問」，也可以分成兩種：「事實型問題」（What）與「探究型問題」（Why）**。

所謂事實型問題，例如：「○○是什麼？」「○○在哪裡？」「×× 是誰？」這類問題都有明確答案，通常一句話就能回答，甚至可以做成選擇題。就定義來看，即便有些疑問詞是「哪裡」或「誰」，我們這裡也統稱為「事實型問題」（What）。

而「探究型問題」（Why），則像是「為什麼要這樣做？」「為什麼這個計畫是這樣設計？」這類對理由與背景進行深入探索的問題。

那麼，所謂「現在不問就沒機會問的問題」，究竟屬於哪一類？答案顯而易見是「事實型問題」。

像是「報帳要找誰核准？」「我們公司工廠在哪裡？」這類問題，若到了進公司五年後才問，確實會讓人覺得不太體面。

換句話說，**傳統 OJT 訓練所鼓勵的，其實是以事實型問題為主的問答**。然而，長久以來，在日本企業甚至整個社會裡，探究型問題並不被歡迎。

比方說，若你在被指派工作時問：「為什麼要這樣做？」即使你只是想了解背景，卻很可能被回一句「少囉嗦，照做就對了！」像這樣的探究型問題，在過去大人之間反而常被視為不識相。

但時至今日，我們目前最需要的，正是這類探究型的提問能力。

如同我們在第 3 章提到過，探究型問題就像啟動思考迴路的密碼。**若被禁止思考「為什麼」，就等同於強制思考停擺**。要重新建立追問思維的土壤，勢必要挑戰這種根深柢固的「反思封鎖」。

「看似理所當然的問題」，最能引發深度思考

我們已經知道，提問可以分成兩種類型：一種是詢問事

實的事實型提問，另一種則是探究原因的探究型提問。接下來想談的是，當我們面對那些「看似理所當然」的事情時，這兩種提問方式所呈現出的差異。

針對理所當然的事情，如果只是問「這是什麼？」「誰？」「在哪裡？」這類事實型提問，可能會被認為太過膚淺；但**若能反問「為什麼會這樣？」往往能打開深入理解的入口**。

舉兩個例子來看：

例①

事實型提問：「天空是什麼顏色？」

探究型提問：「為什麼天空是藍色的？」

例②

事實型提問：「我們公司社長是誰？」

探究型提問：「為什麼我們公司的社長是○○？」

如果你突然問出「天空是什麼顏色？」「我們老闆是誰？」這種問題，大概會被人懷疑是不是常識有問題。但當你問「為什麼是藍色？」「為什麼是這個人當社長？」反而打開了更深一層的思考空間。

像第一個問題，其實背後包含了光的波長、空氣分子的散射原理等物理知識；看似簡單，卻涉及極為複雜的科學解釋。

至於第二個問題，若認真思考，會引出公司歷史、文化與決策邏輯。這個人是創辦人嗎？曾待過哪些部門？是管理導向的背景？還是技術出身？這些都能揭示企業的核心價值與未來策略。

這樣的探究型提問，越是針對那些「大家從不懷疑的事」，越可能直指核心，幫助我們深入理解問題背後的邏輯與結構。

現在社會真正需要的，或許就是這類「對理所當然提出為什麼」的思考方式。

過去的社會，人們往往習慣接受標準答案，缺乏主動提問的訓練。這是過往強調「記住事實」的教育體系所造成的結果。但若想培養深度思考的能力，這正是我們必須跨越的一道門檻。

即使問題聽起來很幼稚，我們也應該練習不輕易否定、不嘲笑，而是願意從零開始、重新思考。這樣的力量，將在未來越來越重要。

為什麼多數人不擅長提問？

我們不妨思考一下這個問題：「為什麼多數日本人不擅長提問？」

首先，很明顯與根深柢固的「村落意識」*有關。當身處陌生群體時，傾向沉默寡言。坊間常有這樣一句話：「在國際會議上，最難的是讓印度人閉嘴，以及讓日本人開口說話」，這正好反映了這種特性的一面。

除了這樣的文化背景，若結合前文提到「事實型和探究型提問」的觀點來看，我們可以更深入理解這個問題。

如前所述，事實型提問通常是用來確認知識的問題，有時會被視為「沒聽懂、沒記住」的象徵，因此在傳統教育中，被認為是落後、不夠聰明、甚至是令人羞愧的行為。而探究型提問則不同，是深入思考的起點，是展開思辨的第一

* 「村落意識」指的是日本社會特有的一種集體意識，常見於小型封閉性群體，如日本傳統農村、企業、學校。其特徵如：重視團體內的和諧、排外性、人際關係緊密等。

步。在這樣的觀點下，我們可以理解為何許多人對提問這件事抱持抗拒：因為長期受到以「正確記憶為目的」的事實型教育影響。

此外，如前一章節所說，**填鴨式教育可以是單向進行，即便學習者全程不發一語，教學仍可完成；但啟發式教育必須是雙向互動，若缺乏提問，對話便無從展開**。在填鴨式教育體系下，即便學生沒有任何問題，也不會被視為問題，反而會被視為「乖巧」。但在啟發式教育中，沒有問題反而是一個大問題，代表學習尚未真正開始。

綜合前述兩點：對提問的羞恥感，以及缺乏對話的教育環境。可以說，多數日本人不擅長提問，與長年以來偏重填鴨式教育的體制有極大關聯。

「滿分是 100 分」的照做思維、「本來就沒滿分」的追問思維

「100 分」這個詞，對多數人來說都有一種特別的意義。從小學時代起，「考卷全對、獲得紅花的 100 分」幾乎是我們共同的目標與榮耀。不過，這種「100 分就是滿分」的觀念，本身其實就是來自「照做思維」的世界。

這裡有兩層含義。第一，這是一種依循單一標準進行評量的結果；第二，「滿分」意味著一種界限，一旦達到就無需再向前。雖說朝著 100 分努力本身沒有錯，但這種思維也帶來兩個潛在風險：其一，一旦達標便容易自滿、停滯不前；其二，更嚴重的是，即使問題本身的設定有誤，也會盲目追求「100 分」，而不曾懷疑題目的本身是否合理。

如同第 2 章所述，**在這個沒有標準答案、連問題本身也可能需要重新定義的時代，還執著於「100 分主義」，反而可能成為絆腳石**。

那麼，相對於照做思維的「100 分主義」，追問思維又是怎麼看待這件事的呢？我們可以用考試這個情境來做個比喻。當收到一份「滿分 100 分」的試卷，追問思維的人第一個反應不是作答，而是反思：「這份考卷的題目真的值得作答嗎？」對他們而言，「100 分」這種由他人定義的目標根本就不存在。面對問題，他們會進一步追問：「這題到底是為了解決什麼？」「這份試卷的內容真的是針對根本問題的有效解方嗎？」他們會將問題「推回去」，重新定義出更關鍵的問題所在，這正是追問思維的起點。

換句話說，照做思維好比在一條既定長度的跑道上比賽，只要比誰跑得快；而追問思維則活在向量的世界，不只是比距離，還多了一個「方向」的維度。他們會先細細思索、判斷哪個方向才是真正該前進的路，並且持續不斷地向更遠方邁進。

綜合來看，如今職場與社會真正需要的，是一種**「撕掉考卷、自己在白紙上出更好的題目，並加以解答」的能力**。而照做教育所培養的「依樣畫葫蘆」的成果觀，反而可能成為追問思維的阻礙。擅長照做的人，往往難以應對沒有標準答案的情境。要培養追問的能力，就必須從根本打破「滿分等於 100 分」的迷思，甚至進一步認知：「這世上根本沒有什麼叫『滿分』。」

這樣的對比關係，也可以更普遍說明「問題的定義與解決方式」的差異。（見圖表 6-4）

首先，我們經常看到的「解決方案」，其實並不總是針對真正的核心問題。因為**問題的定義本身就可能錯了**。這也就是為什麼大家常說：「發現問題比解決問題更重要。」

接著就是照做與追問之間的根本分歧。照做思維傾向接受他人定義好的問題與規則，在別人給的框架（就像考卷）裡填滿答案；而追問思維則會回到「為什麼要解這個問題」

圖表 6-4　照做型與追問型解決問題的邏輯

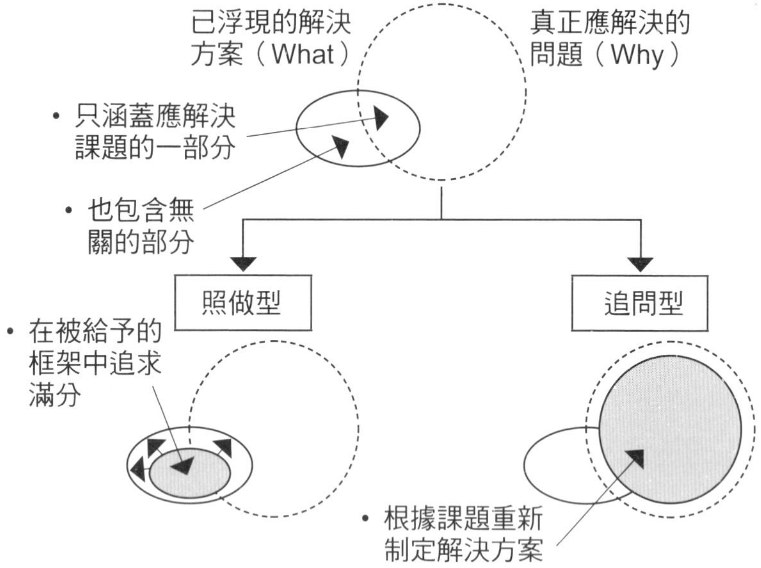

的原點，重新定義框架本身，然後才開始解題。

這也正是第5章中所說的「反問」：當一個問題被提出時，追問思維的人不會馬上著手解決，而是會退一步、思考是否應該改問別的問題，是否應該釐清這是否是「對的問題」。

從另一個角度來說，這其實是「只滿足於狹義解法」與「願意追求廣義解方」的差異。

如圖表 6-5 所示，**照做思維是從「既定問題」出發，接**

收問題後開始作答；追問思維則會從「問題是否正確」開始，或即使接收到問題，也會重新定義再作答，這就是兩者在問題解決起點上的根本不同。

圖表 6-5　照做型與追問型視野的不同

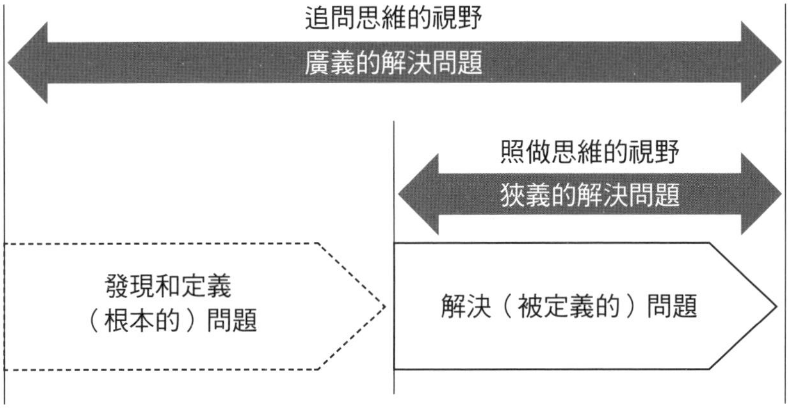

遊戲規則被改了，你覺得「太卑鄙」，還是「真高招」？

在體育競技這類需要評分的比賽中，我們常會聽到「比賽規則被修改了」的消息。每當這種事發生時，大家的反應往往分為兩種：一種人會覺得「這種做法太卑鄙、不公平」；另一種人則會讚嘆「哇，這招太厲害了，竟然被他搶先一步！」

這兩種反應的差別，其實正反映了前面說的兩種思維模式：你習慣思考的是「在現有規則下，怎樣才能拿到 100 分」？還是「這套遊戲方式真的最佳嗎？有沒有更有效的解法？」前者屬於照做思維，後者則是追問思維。

事實上，在商業世界裡，每一項劃時代的新產品與新事業，幾乎都是靠「改變遊戲規則」誕生的。最明顯的例子，莫過於蘋果推出的 iPhone 與 iPad。這兩項產品剛問世時，幾乎沒有直接競品，因為它們本身就是開創新類別、改變賽場規則的存在。

這也可以用「戰略」與「戰術」的差異來說明。**所謂戰略，指的就是「重新定義競技場本身」；而戰術則是在既定場域中找出最有利的方式**。20 世紀的日本最擅長的，正是後者，也就是所謂的「經營卓越」，透過製造流程的效率提升，讓產品在同質競爭中脫穎而出。這種做法，就是標準的「在別人定好的賽場中最佳化操作」。

然而，當今這個時代真正需要的，不正是從「如何考出 100 分」的思維中跳脫，重新定義整個遊戲規則嗎？

照做思維需要「模範主管」，追問思維更需要「反面主管」

從這個角度來看，**在填鴨式教育之下，所需的指導者是可以被模仿的「榜樣」人物，也就是學習者可以仿效的模範。然而，在啟發式教育中，反而更需要的是「反面教材」**。

為什麼這麼說？因為照做思維仰賴的是「模仿標準答案」，而追問思維強調的，正是質疑看似正確的答案，進而打破框架，提出屬於自己的、更優的解方。在企業內部的人才培養環境裡，照做型人才需要的是「模範主管」，而追問型人才的養成，則可能更仰賴那些讓人忍不住產生「我不要變成這樣」的「反面主管」。

當然，在人生旅程中，找到一位「我也想成為這樣的人」的典範人物，並效法對方，也是一種有價值的成長方式。坊間常聽見的例子是：某人遇見了理想導師，全心追隨其腳步，即使之後分開，依然會在面對難題時思考「如果是那位導師，會怎麼做呢？」這樣的歷程固然寶貴，也確實能促進穩健成長。然而，這類模仿式成長最大的隱憂在於，「往往無法超越導師」。

因為一旦將導師視為「100 分的標準」，便難以發展出屬於自己的風格或優勢，更難以跳出原有賽場，在另一個舞台追求「200 分、300 分」的可能。

身處模範主管的身邊，很容易讓人產生「只要照著做就不會錯」的心態，進而導致思考停滯；但若身邊出現一位讓人感到「這主管言行很奇怪」的人，反而會激起思考：「哪裡不對？」「我會怎麼做？」「要怎麼表達不同意見，才能有效說服對方？」這些提問才是追問思維的開端。

此外，還有一個關鍵差異值得注意：模仿他人的做法，選項有限；但若選擇「不一樣的做法」，可能性就變得無窮。也就是說，當你決定「不要跟他一樣」，你就必須開始主動思考「那我要怎麼做？」這正是主動思考能力被自主引發的瞬間。

回頭看看，凡是在人生或事業上有所突破、成就出眾的人，幾乎很少是「一輩子都依附在偉大導師身邊」的人。如果你「運氣好」有這樣一位優秀的師長在身邊，那就趁早把該學的學起來，盡快「畢業」，接著開始思考——如何走出屬於自己的下一步。

16 從追問思維與照做思維的角度，檢視教育問題

「圓周率約等於 3」到底錯在哪裡？

被社會視為教育衰退象徵的，莫過於「寬鬆教育」。不論這種教育制度的優劣，當年日本媒體曾報導其荒謬之處，例如：「竟然教學生圓周率約為 3」。雖然事後證實這項報導並非事實，但即便當時真的發生了，是否就能將其視為教育崩壞的象徵，恐怕仍值得深思。

首先，認為「怎麼可以把圓周率教成 3」的人，是基於什麼理由產生反感？除了理工科專業人士，恐怕多數人在離開學校後，從未因為搞不清楚圓周率是 3 還是 3.14 而遭遇任何實質困擾。

即使在生活中真的會用到圓周率，頂多是估算圓形物件所需的布料長度、或圍繞庭院拉繩子的粗略計算，這種情況

下「約為 3」已足夠應用。萬一需要更精確的小數位數，只要用手機搜尋，不論身在何處，30 秒內即可查到數十位的圓周率。因此，在網路如此發達的時代，將圓周率記到小數點後第二位，其實意義並不大。

從追問思維與照做思維的角度來看，這起「圓周率事件」其實正好顯示出兩種思維的分歧。覺得「圓周率不能說是 3」這種反應，其實正是被填鴨式教育洗腦之後的照做思維。他們會認為：「我以前可是記到 3.14，現在怎麼可以退步！」這背後其實隱含著一種「記得越多就越優秀」的直線式邏輯。

如果抱持「小數點後兩位才是標準答案」的觀點，那麼記到四位是否更好？而若記到四位太多、兩位剛好，那兩位又憑什麼才是「剛好」的標準？這樣的思維，其實正是從現有答案出發，認定眼前的標準就是理所當然的框架，也正是照做思維常見的思考慣性。

但若換作追問思維，則會得出不同的結論：「不論是 3 還是 3.14，其實差異不大」。真正關鍵的是，能否在需要時推導出圓周率的由來，而不是單純記住它的數值。與其說「背熟了」，不如理解「為什麼會是這個數值」，這才是更深一層的學習。以我個人而言，能理解「它略大於 3」即可；記到 3.1，其實就很夠用了。

以同樣觀點來看，一段時間內曾被吹捧的「印度式算數法能背出兩位數乘法表」也是類似的照做思維。儘管印度人在數學方面的表現確實亮眼，但將這樣的表現與「背表格」直接劃上等號，恐怕仍是過度簡化的看法，與圓周率的問題有異曲同工之處。

商業界若不改變，學校教育也不會改變

本章至此，我們從教育的角度探討了「填鴨式教育」與「啟發式教育」的差異。我身處的商業世界，實際上對思維方式的需求已逐漸從「照做思維」轉向「追問思維」。然而，多數人仍深受填鴨式教育的影響，背後的原因與學校教育密切相關，這點前文已有說明。

但這樣的關係，也可說是「雞生蛋、蛋生雞」。若深入思考「為什麼學校教育會變得偏重照做思維？」其實可以發現，某個層面上正是因為「整個社會就是這樣期望的」。

所以，若只是將商業界照做思維盛行的責任歸咎於學校教育，是無濟於事的。正因如此，本書希望從商業界出發，啟動一場變革。也就是，先從企業內部發出新的需求與

聲音，進一步影響整體社會的價值觀，再推動升學制度的轉變，最終帶動學校教育的調整。

這也是本書希望傳遞給整個社會的訊息：教育改革，不只能從校園內部著手，也可以由企業端主動發起。整體來看，書中所探討的教育問題，不僅是對企業培訓制度的改革建議，也是一份藉由商業實踐促進整體教育革新的提案。

在本章最後，我們設計了一道思考題，邀請你回顧本章內容後，深入思考並嘗試回答。

以下的價值觀比較符合填鴨式教育，還是啟發式教育？

情境練習 33 怎樣才是理想的師生關係？

老師有必要在知識量上凌駕學生。

這是填鴨式教育，還是啟發式教育？

情境練習 34 你對提問的看法？

提問是笨蛋才會做的事。

這是填鴨式教育，還是啟發式教育？

情境練習35 學習應該主動，還是被動？

如果缺乏動力，外部的強制力再大也沒有效果。

這是填鴨式教育，還是啟發式教育？

情境練習36 教育的本質是什麼？

為了拉高平均值，要提升整體的水準。

這是填鴨式教育，還是啟發式教育？

情境練習37 怎樣才是好主管？

好主管是那種什麼事都願意教你，讓人忍不住想學習的楷模。

這是填鴨式教育，還是啟發式教育？

第 6 章　重點摘要

- 「啟發式教育」（Why 型）與「填鴨式教育」（What 型）的思維方式截然不同（180 度相反）。
- 「填鴨式教育」教育曾支撐日本的繁榮，但如今因環境變化而走到十字路口。
- 想要培養追問思維人才，必須意識到與傳統照做思維的根本差異。

啟發式教育與填鴨式教育的差異

項目	填鴨式教育（照做思維） ⟷	啟發式教育（追問思維）
基本立場	增加知識量	促使人思考
導師角色	在知識量上占優勢的人	引導人思考的人
教學方式	填鴨式灌輸（PUSH）	引導式提問（PULL）
教育的模式	徹底教導，拚命灌輸知識	完全不教，促使人「偷學」
標準解答	有	沒有
理想的導師形象	善於表達	善於傾聽

對人才的觀點	培養出來的	自己成長的
教學方向	單向	雙向
教學設計	可以統一	需要依對象調整
被機器取代的可能	可能	不可能
評分標準	單一標準	多種標準
目的	提升整體水準	強化個人特質和優勢

- 「事實型提問」（**What**）與「探究型提問」（**Why**）的提問性質不同，當今更需要的是「探究型提問」。

第7章

打造懂得追問的思考力

17 怎麼學習，決定你的思維方式

在前一章中，我們透過比較「啟發式教育」（Why 型）與「填鴨式教育」（What 型），探討了照做思維是如何形成的，以及追問思維又該如何培養。本章將延續這樣的討論，進一步說明：若想培養出真正的追問思維，該從哪些行動開始著手。

不同思維，需要不同的學習法

接下來，我們要從「學習者的角度」出發，來比較「照做思維」與「追問思維」的學習方式。這樣一來，如何培養追問思維，就會變得更清晰。

我們每天做的學習，**其實大致可以分為兩種面向：一是**

「記住、背誦」，這對應的是照做思維；另一則是「思考、推理」，這對應追問思維。這兩種學習法的基本態度，就有根本的差異。

先從學習的主動性來看：照做思維的學習，即使是被動吸收，也多少能達到一定效果；但追問思維的學習，若非發自內心主動探索，幾乎不可能有成果。強迫是無效的，因此，**培養追問思維的關鍵，就是「自發性」**；照做可以「被要求」，但追問一定要「自己想問」。

再看問題的性質：照做型的學習，問題通常是「現成的」，答案也是「標準的」，重點是記下來就好；但**追問型的學習，則常常要從一堆現象中挖出「真正的問題」**，從背後的因果與意義出發，提出自己的洞見。對照做思維來說，學習的成果是「背會了什麼」；但對追問思維來說，重點在於「如何思考、如何理解」。

教材與資源的使用方式，也截然不同：**照做學習以「教材本身」為主戰場，學什麼就記什麼；追問學習則把教材視為「原料」，真正的戰場是在自己的大腦裡，也就是怎麼切、怎麼炒、怎麼消化，才是重點**。

即使是參加一場講座或課程，兩種思維也有不同的「收穫方式」：照做型的人會帶回一疊厚厚的講義，覺得這就是學到的東西；但追問型的人則在乎自己「在現場思考了什麼」，講義只是參考，**真正的學習是過程中激盪出的想法與體會**。講義可以複印、知識也可以轉述，但思考方式無法複製。

最後，看問題的類型也不同：**照做思維習慣處理「標準化」的題目，只要套用正確的範本，就能得出正確答案；追問思維面對的則是「沒有標準答案」的複雜問題，需要從混亂中找出規律與洞察**。照做像是填寫範本，追問則像是在白紙上自由創作。

費米估算法：訓練「追問思維」的絕佳工具

「芝加哥有多少位鋼琴調音師？」

「全世界有幾顆高爾夫球？」

這類問題，正是所謂的「費米估算」（Fermi Estimation），常見於顧問公司或外商科技企業的面試中，同時也是提升邏輯思維與問題解構力的重要訓練工具。

從「照做思維」與「追問思維」的角度出發，我們也能清楚看出費米估算的定位。

很多人認為，只要像做題庫一樣反覆練習，就能掌握這類問題的解法。但這種學習方式，其實並不符合費米估算的本質。這類問題的關鍵不在於最終答案的正確與否，而在於從有限資訊中，如何推導出合理假設，並展開思考的過程。

因此，費米估算的重點並不在於「記住答案」，而是「為什麼你會這樣估算」。若只是一味記憶常見題型與解法，就會淪為填鴨式的反覆練習，無法達到訓練「靈活思維」的目的。

如果要大量練習費米估算，那麼應該著重在「每次都用不同的方式來估算」，不斷變換切入角度，才能真正強化思考能力。

例如：「全日本有多少間美髮店？」與「全日本有多少間理髮店？」乍看之下是兩個問題，但如果只是簡單變換名詞，本質上仍屬於相似題型。（見第 07 章節圖表 4-2 的③）反之，**如果問題設計能讓你從「每人平均使用頻率」、「地區密度」、「性別與年齡層分布」等不同視角去估算，才真正具備思考價值**。

然而，許多人在求學過程中普遍熟悉的，是「靠練習題與反覆輸入」的記憶式學習法。從小學時期開始，我們就透過不斷寫「九九乘法表」來訓練反應速度，試圖將知識內化成「不需思考就能反應」的身體直覺。但這樣的訓練方式，本質上就是「思考停止」的狀態。

記憶是為了省時，但「追問思維」恰恰相反，它需要時間沉澱、需要探索與懷疑。**如果只是用背誦與熟練來準備費米估算，最終無法培養真正的邏輯思考力**。甚至對企業而言，當面試者只是在背誦套路與標準解法，這樣的測驗也將失去意義。

如何透過閱讀訓練「追問思維」？

在學習方法的延伸上，這裡也想談談閱讀方式。其實，閱讀也可以區分為「思辨式」（Why 型）與「資訊式」（What 型）。雖然並非所有書籍都能明確劃分為其中之一，甚至同一本書、同一頁中也可能同時存在兩種閱讀方式，但如果能理解閱讀具有這兩個面向，將有助於培養不同的思考能力。

我們平時閱讀時，**書中所寫的內容多半是明確的知識與資訊（What），但也常常交織著背景思維與邏輯（Why），就像霜降牛肉中混雜著油花**。理解這點之後，我們可以區分出兩種不同的閱讀方式。（見圖表 7-1）

圖表 7-1　「思辨式閱讀」和「資訊式閱讀」的差異

	資訊式閱讀（What 型）	⟷ 思辨式閱讀（Why 型）
目的	增加知識、資訊	鍛鍊思考能力
讀者的任務	記憶	思考
質或量	重視量	重視質
速度	總之要很快	可以慢慢來
閱讀方式	不斷閱讀	偶爾會停下來
次數	一旦記住就結束	會反覆閱讀
書的種類	適合新書	歷久不衰的經典作品

所謂「資訊式閱讀」，重點在於吸收更多資訊，追求的是閱讀量與速度。目標是將內容記住、掌握知識。通常這類閱讀偏好選擇新書、資訊更新快速的書籍，以達到「快速了解」、「一次看懂」的目的。若有記不清的地方，則反覆閱讀補強即可。

相對地，「思辨式閱讀」強調的是：以書中內容為材料，深入思考其背後的邏輯、背景與理由，進而訓練自己的思考力，甚至在閱讀結束後激發新的觀點或創意。這類閱讀過程不追求速度，而是在每一段落停下腳步思索、反覆咀嚼內容。適合的書籍類型，多半是經過長時間驗證、歷久彌新的經典，因為**思辨本質的素材不會隨著時代改變，而能跨越時間持續啟發人心**。

兩種閱讀方式並沒有優劣之分，關鍵在於目的不同。即使是以資訊為主的報紙、雜誌，也可以不僅止於蒐集的「資訊式閱讀」。只要挑選一些文章，試著用「思辨式閱讀」的角度讀出其邏輯、上下文與可能的偏誤，也是一種提升思辨力的訓練。例如，嘗試在每一則新聞標題後加上「為什麼？」的提問，就是一個簡單實用的練習。

話說回來，在閱讀本書時，你採用的是哪一種閱讀方式呢？

身為作者，我衷心希望你能深度思考每個段落，並將其轉化為與你自身經驗有關的理解與洞見，成為真正內化的知識，而非一時記憶的資料。

回顧本章，我們從學習與閱讀方式的角度，比較了「思辨式閱讀」與「資訊式閱讀」的差異。兩者並非對立，而是需要根據情境與目標適當運用。但就長期思考能力的養成而言，在熟悉照做思維訓練（例如從小學以來的「反覆練習」）的基礎上，更應刻意增加追問思維的練習，在日常中有意識地培養這種能力，才是更有價值的學習路徑。

18 邁向追問思維的思考準則

成為「不盲從的人」—— 培養追問思維的第一步

若想踏上追問思維的道路，第一步，就是學會成為一個不盲從的人。我認為，這或許是具備追問型特質的人最鮮明的一項特徵。所謂「不盲從」，就是**不輕易附和大多數人，而是選擇獨立思考、提出不同觀點**；換句話說，是對所有事物都保有懷疑與探索的態度。

「不盲從的人」這個概念，可以說正好與照做思維的「那就這樣吧先生」形成強烈對比。如果你會因為擁有與他人不同的東西而感到愉悅，喜歡買沒人買的商品、投資時總是反向操作，甚至在賭場只押冷門，那麼你已經展現出十足的追問思維潛力了。因為你對「為什麼要這麼做」有明確的理由與堅持，而這正是追問思維的核心。

不過，「與眾不同」或「提出反對意見」其實很耗能量。你必須動腦思考，提出真正屬於自己的見解。當別人問你：「為什麼反對？」「你自己怎麼想？」時，你需要準備好一套有說服力的理由。否則，久而久之，你的聲音就會被忽視。

相對來說，**「照單全收」是典型的照做思維**，也是一種輕鬆的生活方式。就像上課這件事，「每堂課都乖乖出席」與「翹課去玩」哪個比較輕鬆？乍看之下是後者，但要翹課又不被當掉，得有自己的策略與成績支撐，還要對自己的選擇有認知與責任感。而「乖乖出席」則可以不帶思考地完成，思考力幾乎是關機狀態。

當然，我不是鼓勵偷懶，而是提醒你：如果只是把別人說的照做一遍，那跟沒有思考沒兩樣。想要**轉向追問思維，首要條件，就是成為一個不盲從的人，學會對所有事物多問一句：「這是真的嗎？」**

法國哲學家笛卡兒（René Descartes）提出「方法論懷疑」這個概念。他的思考從懷疑一切開始，最終得出唯一無法被懷疑的事實──「正在思考的自己」，也就是那句著名的話：「我思，故我在。」

我們當然不需要像哲學家那樣徹底懷疑一切，但至少要能懷疑眼前看到或聽到的資訊，思考背後的理由與脈絡，並判斷是否合理與一致。這正是鍛鍊追問思維、邁出第一步時不可或缺的能力。

請讓自己「有點難搞」！

「當個不盲從的人」，換個說法，就是「請練習讓自己不那麼好相處」。這並不是要故意刁難人，而是指不要輕易相信別人說的話，並對各種說法反覆提出問題，例如：「真的是這樣嗎？」「你怎麼知道的？」……

事實上，在日常人際互動中，「為什麼？」這類問題往往會被視為麻煩，因為大家可能會覺得：「你就照做就好，不要問那麼多。」所以，當你準備踏上追問思維的道路時，也需要心理準備：你是否能夠接受別人說你「不好相處」？

某種程度上，性格溫順、很聽話的人，未必適合走上「追問」這條路。

2009 年 11 月 11 日，諾貝爾物理學獎得主益川敏英曾在《日本經濟新聞》的〈我的履歷〉專欄中，回憶起一段大學時期的住院經歷。當時他因為出現肺結核初期症狀，被送入院觀察：

有天，內科主任帶著一大群人來查房，像是在巡邏一樣。而我正躺在病床上拼命做計算。我想知道，為什麼檢查不是做兩次、四次，而是三次？為了理解這背後的邏輯，我列出了幾個假設條件進行計算。

這是一種極為典型的「追問思維」，但接下來的發展卻有些出人意料：

主任發現後問我在做什麼，我說自己正在計算檢查的可信度，並問他：「為什麼檢查是做三次？」沒想到對方回答不出來。我於是反問：「連這都不知道還敢做醫療？」對方當場愣住，我甚至脫口而出：「你是笨蛋嗎？」

這段故事也正好說明了另一點，如果用得不恰當，追問會讓人感到反感。雖然這不能一概而論為「追問思維的錯」，但可以確定的是，「為什麼？」這個問題，若使用時機不對，很容易引起誤會或衝突。

換句話說，「追問」這項技能，是有「使用說明」的。日常生活中，太直接地質問別人，確實容易引發對立。因此，**建議先在心裡默默思考：「為什麼？」然後再決定是否需要表達出來**。

而**最適合練習這種「質疑態度」的地方，就是閱讀**。因為作者不會站在你面前，你可以放心地懷疑與批判。閱讀時不妨讓自己「有點難搞」，試著帶著懷疑的角度思考：「這真的是對的嗎？」接著進一步反思：「作者這麼說，但我的看法是……因為……」

這樣的閱讀方式，正是前文提到的「思辨式閱讀」的基本態度。

願意承擔責任，才能真正啟動思考迴路

另一個轉為追問思維的重要關鍵，是**將我們日常感受到的壓力，轉化成「為什麼？」的思考契機**。

像是在開發新產品時，常見的出發點往往來自使用者的不滿，而產品設計者會進一步思考：為什麼會產生這樣的不滿？又該如何解決？這樣的思路若能帶入日常工作中，就是所謂的「把壓力轉化為思辨能力」。

舉例來說，如果你辛苦做完一份報告，結果主管的指示又變了，讓所有努力付諸流水，這當然會令人忍不住怒吼：

「搞什麼！」也絕對夠格成為讓人爆氣的導火線。但這時，若能把情緒的能量轉為思辨能力，就會開始思索：主管為何突然改變想法？背後是否有更深的原因？自己能不能提前察覺這些變化？又該如何調整應對方式？如此一來，不僅能養成透過「為什麼」來推敲局勢的習慣，也有助於下一次做得更好。

轉換思考迴路並不容易，尤其當人陷入「沒特別想什麼」的狀態時，往往就是停止思考的開始。因此，我們最好事先設定一個能啟動思考的「觸發點」，而壓力正是一個最常出現、也最容易利用的契機。把壓力當成誘發思考的開關，不僅能活化思維，也可能成為舒緩情緒的出口，達成一舉兩得的效果。

換個說法，要轉向追問式思維，關鍵在於「永遠先從自己找原因」。**一旦將問題歸咎於環境或他人，思考就停止了**。唯有從內部開始檢討，例如問自己：「為什麼會變這樣？」「我是不是能早點做些什麼？」才能真正啟動有效的思考機制。

例如，把「對方聽不懂」怪罪於對方，或是把「東西賣不好」歸咎於價格和產品本身，都是典型的外部歸因，而這正是導致思考停滯的常見陷阱。要跳脫這種困境，就得徹底相信「錯的是自己」，哪怕有點像自虐，也要先這樣想起來才行——這種心態，甚至可以說是**「當個徹底被虐的 M 型人」**，但確實會讓你的思考真正運轉起來。

培養「追問思維」的第二步：學會當個「懶人」

接下來，想要培養追問思維，還有一個意外卻實用的心法——「當個懶人」。這聽起來或許讓人意外，但其實**許多習慣深度思考的人，往往本質上都是天生的懶人**。

為什麼這麼說？

照做思維的人，總是按照被交付的任務逐一完成，思維模式就像是在填寫一份已經設定好題目的考卷，重點在於怎麼答對、拿到滿分。

相對地，追問思維的人則會問：「有沒有不做也行的方法？」他們不想只是照單全收，而是會先判斷：「這件事真的有必要嗎？」也就是說，這裡的「懶人」，其實指的是那些總在想「怎麼做才最省力」的人。

這正是追問思維的起點：「這個東西真的有必要存在嗎？沒了不行嗎？」

當你這樣開始懷疑某件事的存在意義，就會自然進入一個更本質的提問：「為什麼非得要這樣做？」這正是觸發追問思維的迴路開關。

因此，**當個「懶人」並不是逃避責任，而是主動用一句「這真的需要嗎？」去打開新的思考路徑**。特別是那些多年未曾變動的規則、制度、流程、甚至某些辦公設備，不妨都用這句話試著檢視一遍。你可能會發現，我們身邊其實充滿了「其實不這樣也行」甚至「有更好的做法」的東西。

不過，這項訓練有個提醒──請勿直接對人施放，就像煙火一樣，要避免對著人發射。也就是說，**這種質疑式提問，請先用在「事情」上，而不是「人」身上**。

逃避現實，其實也不壞

「要是每週能休三天就好了……」

「那個上司快點調職該有多好……」

像這類毫無根據、與現實脫節的念頭，通常會被貼上「妄想」的標籤，視為逃避現實的象徵。然而，**從「思考力**

養成」的角度來看，這些妄想其實不無可取，甚至可以說，是一種有效的訓練方式。

因為，妨礙人們思考最常見的陷阱，就是「過度受限於眼前的現實」。

前面提到的「這真的有必要嗎？」練習，是從「假如現在存在的東西不見了……」這個視角切入。而這裡要介紹的，是一種反向練習：「如果原本不存在的東西出現了呢？」

例如，在一家咖啡店隨意入座時，你可能會想：「要是這家店的椅子這樣擺會不會更好？」又或者走在街頭時冒出：「這棟老房子如果重建，我會改造成……」之類的念頭。

這些想法乍看之下像是愛做夢，甚至可能被說「好高騖遠」，但若能進一步梳理與延伸，完全可以昇華為有遠見的思考訓練。

所以，那些平常就很會妄想、熱中現實逃避的人，不妨試著將這些念頭稍微轉化一下，你會發現，它們其實潛藏著推動思考的能量。

懂得辨識「追問型人才」和「照做型人才」

一個重要的線索是：具備追問思維的人，能看出他人是採取追問思維還是照做思維；但照做思維的人，則往往分辨不出這樣的差別。

舉例來說，當你能觀察並判斷：「隔壁課的新進同事講話和做事總是聽令行事（What 型）」、「新來的○○課長講的每句話都帶著問題意識（Why 型）」── 這就表示，你的思考方式已經開始轉向追問思維，具備判別兩者差異的能力。（見圖表 7-2）

換個角度說，如果你還無法區分這兩種類型，很可能代表自己目前的思考習慣仍偏向照做思維。

在改變自己的思維與行動模式時，觀察周遭並從中吸取養分，是一種很重要的態度。當你開始有意識地區分這兩種思考方式，並試著做出相應的調整，不只會改變自身的反應模式，也會漸漸看懂別人的邏輯與行為背後的思維結構。

其實，真正有效的追問思維，並不是一味地問「為什麼」，而是能同時連結「該怎麼做」。唯有思考背後的原因，並據此採取行動，才能真正解決問題。因此，所謂的追問思維，本質上是一種「追問與實踐並行」的思考模式。

圖表 7-2　你能分辨出周遭人差異嗎？

學會忍受「沒有標準答案」的孤獨

成為「追問思維」的人，還有一個看似意外卻十分關鍵的準備：要學會忍受「沒有答案的狀態」與「獨自思考的孤獨」。

這一點與第 6 章提到的教育弊病密切相關。我們在成長過程中習慣被餵答案，導致一旦缺乏明確可見的「表層答案」（What），就容易感到不安。例如，當我們讀完一本書、參加完一場講座後，常常會有「我明天該怎麼做？」這類具體行動上的困惑。若是沒有被清楚告知，就覺得無從下手，這種心態就像張口等著被餵的雛鳥一樣，總是等待父母將食物咀嚼後再餵進嘴裡。

當你在寫題目時，一遇到卡關就立刻翻到解答；看益智節目時聽到「正解下週公布」，也會感到坐立難安——這些都反映了我們過度依賴明確答案的傾向。但真正的「思考」應該是從本質出發（Why），再自行轉化為適合自己工作與生活的行動（What）。因此，當你**陷入「似懂非懂、尚未得出答案」的模糊狀態時，請不要急著詢問他人或上網搜尋，而是試著在心中「反覆咀嚼」，享受這段模糊又混沌的思考歷程**。

真正的思考，就是忍住「還不確定」的那段時間。

對「照做思維」的人來說，世界只有「知道」與「不知道」兩種狀態，是二分法、0 或 1 的數位邏輯。而「追問思維」的人，則總是處於「也許還有更好的答案」這樣的灰階狀態，他們習慣在混沌中尋找邏輯，用模糊作為燃料，持續追問、推進。

同樣的，當你**聽到別人的解釋就立刻問「有沒有具體例**

子？不然我聽不懂」，這種反射式反應也應該戒掉。因為這種說法其實等於是在說「我需要別人幫我咬碎，我才吃得下去」。真正的思考，是從抽象推論中自己消化內容，將其轉化為內在知識。

不過，這並不代表你在說話時也應該拒絕舉例說明。

當我們想**向他人說明一件事，最理想的方式，是能結合「追問思維」與「照做思維」**——也就是，同時說明背後的原理，並補充具體的做法。本書的寫法也遵循這個原則：我們盡可能搭配實例，是為了幫助你建立對「為什麼要這麼做」的理解，而不是要你機械地照抄照做。

若你能從本書中找到屬於自己的「為什麼」，接下來的關鍵，就是思考：怎麼把這份理解，轉化為你生活中真正可實行的「怎麼做」。

第 7 章　重點摘要

- 若想培養追問思維，就必須用與照做思維完全不同的方式來進行學習。以下表格即為兩者的具體對照。

	填鴨式學習（What 型）	⟷ 啟發式學習（Why 型思考）
學習模式	記憶	思考
學習態度	被動也可以	必須是主動，否則沒有意義
問題來源	別人給的	自己尋找的
學習後得到的內容	知識本身	思考方式
主戰場位置	教材	腦中
訓練的「收穫」	厚重的資料	思維模式的轉換（現場體驗到的經驗）
對提問的看法	笨蛋做的事	一切的起點
定型與否	定型	非定型
「模式」的定位	拿現成套用	要靠自己發現
作答標準	將答案填進模板裡	在空白紙張上作畫
反覆練習的定位	反覆做同樣的事（重視量）	盡量做不一樣的事（重視變化）

- **閱讀方式分成兩種：「思辨式」與「資訊式」，兩者的差異見圖表 7-1。**

- **若想培養追問思維，以下特質不可或缺：**
    - 成為「不盲從的人」
    - 讓自己「有點難搞」
    - 願意承擔責任
    - 學會當個「懶人」
    - 逃避現實，其實也不壞
    - 學會忍受「沒有標準答案」的孤獨

第 8 章

追問思維，
也有「使用說明」

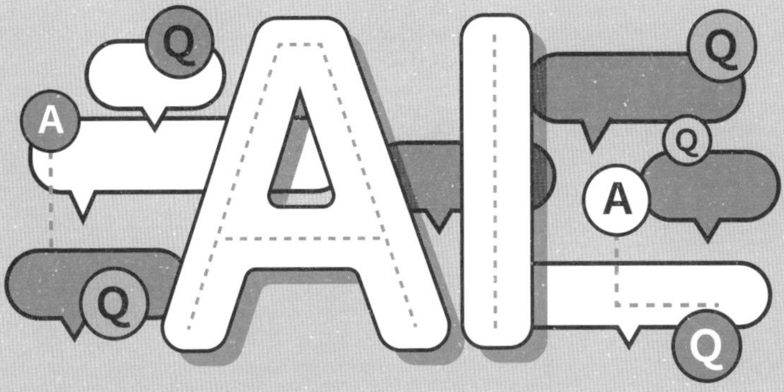

19 哪些狀況，更適合運用「照做思維」？

前文提到因應時代潮流，越來越多情境下需要具備「追問思維」（Why 型）的能力。不過，這並不表示在所有情境中都百分之百適合使用追問式思考。作為本書的最後補充，我也想談談有些情況，其實更適合採用「照做思維」（What 型）的方式來應對。

有時候，「照做思維」更受歡迎

雖然在前文已逐一提及，但即使學會了「追問思維」，並不代表應該一天 24 小時只用這種方法。

例如：在需要快速行動的情境下，就是典型的例子。因為**「追問思維」會先探討原因與本質（Why），相較於「照**

做思維」直接接受指令就立刻去執行（What），勢必需要更多思考時間。這種情況下，可能會更需要「不管怎樣，先做再說」的資訊接受式做法。

此外，前文也曾解釋，有時**「過度深究反而產生反效果」**（例如試圖揣測對方真正意圖的情形）；或者在對客戶提出建議時，若直接追問某些固執的人，他們可能會感到不悅，因此要**懂得挑選合適的對象進行追問**。此外，前文雖然曾激烈地提出「試著讓自己變得更刻薄一點」，但這也不表示要將這種態度毫無保留地展現出來。事實上，**頭腦中縱使保持些刻薄的思辨，但實際與人互動時，仍然心懷內斂、謹慎表達，反而更容易把事情辦好**。畢竟，「照做思維」最大的優點，就是容易受到人們的喜愛。

總而言之，不論處理任何事情，都必須考量時機、情境以及對象，懂得拿捏適當的比例和平衡。不過，以目前日本社會或教育現況來看，「追問思維」普遍偏少，遠低於理想的比例。因此平時積極培養「追問思維」並無壞處。但本章也特別提出「照做思維」的優勢與適用場景，作為平衡的提醒。

「照做思維」便於管理，「追問思維」難以駕馭

從組織運營的角度來看，什麼情境下適合「照做思維」、什麼時候更需要「追問思維」呢？事實上，在上下階層分明的金字塔型組織中，「照做思維」的人才更容易管理，也更適合維繫組織的秩序。因為這種典型的「上司說的都是對的」思考方式，有助於上下溝通順暢，維持管理的有效性。因此，組織位階越低，越傾向需要這種「聽令行事」的執行導向思維。傳統的軍隊式組織，就是「照做思維」的典型代表。

相反地，若一個組織中全部都是採取「追問思維」的人，管理起來就會非常棘手。因為這類組織中，「因為主管這樣說」的邏輯完全行不通，每一項決策都必須提供能讓所有人合理接受的具體依據。雖然這種「追問思維」從理性決策的角度看是非常健康的，但做決策的速度必然會大幅降低，甚至可能因為過度討論而削弱組織的反應能力。

換句話說，以金字塔結構與階層秩序為基礎的**「照做思維」型組織，好處在於易於維持秩序與快速決策**。為了確保組織的運作順暢，一定比例的「照做思維」型人才是必須的。然而，即使目前許多組織仍以這種上下溝通模式運作，但面對現實環境的劇烈變化，對「追問思維」人才的需求反

而正逐步提高。這正是「追問型人才」日益受到重視的原因之一。

無論如何，**組織內負責做決策的人，必須擁有「追問思維」**。因此，即使在金字塔結構的企業中，越往高階的職位，對「追問思維」的需求也越高。這樣看來，公司或組織內最需要具備「追問思維」的角色，其實就是最高決策者，也就是總經理或 CEO。尤其在處於轉型階段的企業裡，總經理更幾乎都必須擁有高度的追問與本質思辨能力。

前文提到，「照做思維」的組織有利於管理與秩序維護，但若過度倚賴這種模式，就會導致內部管理與控制所耗費的精力過大，形成所謂的「企業官僚」。換言之，**「企業官僚」的第一步，就是組織內「照做思維」的人比例開始明顯增加**。若在企業內開始經常聽到「因為某某主管說要這麼做」、「因為手冊上寫的是這樣」的說法，就應該提高警覺。

哪些情況下應該「立刻問別人」？

本書一直反覆強調，「不要輕易尋求他人協助」、「不要隨便依賴網路或別人的意見，要靠自己思考」。但其實也存在一些情況，是應該積極運用高度發達的網路資源，或向身邊有經驗的人來尋求協助的，那就是「初期資訊蒐集」的階段。

為了明確分辨這兩種場景，必須將日常工作或生活中的問題解決等智力活動，切分成不同的階段來理解。此處將知識產出的過程，分成兩個階段來考量：

1. 資訊蒐集
2. 運用蒐集到的資訊進行加工與思考

本書中反覆強調的重要性，主要是指第二階段。也就是說，絕不能把單純的資訊蒐集視為「問題解決」的全部，關鍵在於如何有效地進行第二階段的加工與思考。

因此，在第一階段（資訊蒐集）時，積極使用網路資源或詢問他人意見並沒有問題。反而若在第一階段時獨自苦思冥想，才是真正浪費時間。**合理的做法，是以他人已經累積的經驗成果作為基礎，先快速建立假設，再積極蒐集所需的資訊。然而，最重要的原則是，在完成資訊蒐集之後，絕對不能完全接受這些資訊，而應該再充分以自己的觀點進行深入思考，才能得出真正屬於自己的結論。**

初學者務必從「完全照做」開始

有些情況下，最重要的是徹底記住並反覆執行相同的動作，直到身體自然而然地記住為止。所謂的「讓身體記住」，換句話說，就是透過訓練讓自己即使停止思考，也能自動做出正確的反應。從這個角度來看，小學生學習九九乘法或反覆練習生字的書寫，就是典型的「照做思維」教育。然而，**面對最基本的資訊或知識，這種「填鴨式學習」反而更容易達成效果**。

常言道：「學習的起點，就是模仿。」透過模仿進行學習，無疑是初學任何事物時極為有效的方法。但這種方法只適用於初期階段，一旦學習者掌握了一定程度的基礎，就必須開始自行思考，甚至進一步打破原有的基本框架。

常聽到的「守破離」*一詞，清楚描述了這樣的學習過程。在「守」的階段，需要的是一種不講理論、只憑身體反覆記憶的「照做思維」。但若想將所習得的基本知識加以運用，創造出專屬於自己且更有價值的成果，也就是進入「破」與「離」的階段時，就必須轉向具備更高層次思考的

* 出自日本劍道，「守」代表遵守規範、訓練基本功的階段。「破」意味著開始能打破規範，靈活應用所學。「離」指超越所有規範，自成一格的境界。

「追問思維」才行。更明確來說，如第 6 章所提，這裡所需的並非「被動接受指導的照做型」，而是能主動選擇、有意識去模仿他人長處的「主動吸收型」。

不過進一步思考，其實這種所謂「主動吸收型」也並非單純照做，因為你必須自己判斷「應該從誰身上吸取什麼經驗」，雖然看似模仿，其背後實際上卻隱含著一種極為徹底的「追問思維」。

每個人都能成為「追問型人才」嗎？

讀到這裡，有些讀者或許會產生疑問：「真的每個人都能成為追問型人才嗎？」甚至「每個人都應該要成為這種人嗎？」

首先，針對「每個人都應該成為追問型人才嗎？」這個問題來思考一下。現實來看，全社會每個人都變成「追問型人才」恐怕是不太可行的。這個世界確實需要那些能夠踏實、穩定執行既定任務的人，甚至可以說這類人占多數的情況下，社會反而更能順暢運轉。如果每個人都不停追究「為什麼」、「應該是什麼樣子」，日常生活恐怕將無法順利進行。

然而，如同本書反覆提到的，假如社會上只有一群專注於完成例行工作的「照做型」人才，社會將毫無進步的可能。雖然**「照做思維」的人占據大多數或許對社會運作有利，但至少以當今日本的現況來看，能夠提出「追問」的人才明顯過少，這點毋庸置疑**。

接著再來思考「每個人都能成為追問型人才嗎？」這個問題。要成為一個具備「追問思維」的人，需要考量兩個條件：一是意願（Will），也就是本人是否有意願成為這樣的人；二是能力（Skill），也就是本人是否具備達成此目標的能力。

一般而言，提到「是否能成為」，大家可能會覺得能力是最重要的因素。但其實能力影響的只是「能達到什麼程度」這樣的問題；**真正決定能否成為「追問型人才」的關鍵，更可能在於本人是否真心「想要成為」這樣的人**。

這又牽涉到個人的人生觀。因為追求「追問思維」的人，與安於「照做思維」的人，對人生的態度本質上是不同的。以下列出兩種類型的差異（見圖表 8-1）。

簡單來說，適合「追問思維」的人，如前章所提及的，

圖表 8-1　適合照做思維的人和適合追問思維的人

適合照做思維的人	適合追問思維的人
世界是由別人決定的	世界是由自己創造的
希望一切由他人決定	想要自己決定一切
不願承擔責任	願意承擔責任
一切都怪罪於他人和環境	一切都是自己的問題

是那些傾向自我承擔責任的人。他們的人生哲學是以「世界是由自己打造的」作為根本前提，凡事自己決定，也自行承擔後果。這種人生充滿挑戰，但相對也能得到更多的成就感。

另一方面，適合「照做思維」的人，則認為反正人生無法由自己掌控，只要按照他人指示去做就好，出了問題也不是自己的責任。這種人相對被動且保守，過得或許比較輕鬆自在。但從喜歡自我承擔責任的人眼中看來，這樣的人生未免過於無聊。

如何選擇，其實沒有絕對的對錯，而完全取決於你希望如何度過自己的人生。不過，願意拿起本書的讀者們，無疑都是前一種人。因為後一種人，現在大概正在居酒屋或網路論壇上，抱怨著對公司或主管的不滿吧。

第 8 章　重點摘要

- 並非所有情況下都適合使用追問思維。
- 追問思維在運用上需有所拿捏，而照做思維若善加使用，也能發揮成效。
- 採用照做思維的人，最大優勢是容易讓人喜歡、受人歡迎。
- 就組織管理而言，照做思維型的團隊更容易統御與維持秩序。
- 應視情況判斷：是該立即請教他人，還是應先自行思考。
- 當學習全新事物時，以「高度照做模式」徹底掌握基礎最為有效。
- 並非所有人都需要成為追問型人才。
- 適合追問思維的人，通常希望自己做出決策、承擔責任，也渴望完成具成就感的工作。

致謝

每次出國時，我總會懷念日本商品、服務與料理中那種細膩周到的品質。這不只是因為我身為日本人，更是因為這些特質觸及了人類共通的感受與本質。

日本製品曾風靡全球，正是這種深層價值的有力體現。當年這些產品以「模仿並改善」的模式發展，如今卻反過來成為新興國家的仿效對象。在這樣的局勢下，我們應當如何因應？關鍵或許不在於外在形式，而是該把目光轉向內在本質，也就是本書所強調的思維轉換。

日本產品之所以廣受國際好評，表面看來，靠的是卓越的功能與性能；但真正的核心優勢，來自對品質細節的高度要求，以及對「什麼才是真正令人感到舒適」的深刻洞察。更深層的源頭，則是日本數百年來所孕育的纖細文化與美感意識。

當外在設計與技術層面日漸被他國模仿，日本的下一步，應是從更深層的價值與理念出發，尋求無法輕易複製的獨特定位。因此，當前我們更需要以本質導向的思維，重新檢視日本過去成功的根本條件與文化底蘊。

每當看到媒體報導日本競爭力下滑、學力下降、國際影響力式微，都讓人感到一絲惋惜。雖然我不認為那個曾經「買下全世界」的泡沫時代特別值得懷念，但我仍期望，日本始終能以某種形式，成為世界所關注與尊重的存在。

或許「觀察他人再行動」的傾向，早已深植於日本人的文化習性，無論利弊。但我相信，轉向本質思考是絕對可能的。畢竟，日本人素來擅長「察言觀色」，能夠敏銳感知無形氛圍，這正是通往深層思辨的起點。

感謝各位讀者閱讀至此。

本書是在《THE 21》雜誌 2009 年 5 月至 12 月號連載〈追問思維的提案〉的基礎上，大幅擴寫後編輯而成。出版過程中，感謝 PHP 研究所的吉村健太郎先生以客觀視角提供諸多建議，並持續給予即時回饋與協助；也感謝中村康教先生最初提出連載構想，並在每期刊載後給予誠懇的意見與支持。對兩位的協助，我深表感謝。

此外，也謹向長期支持我的客戶與 KUNIE 公司的同仁，致上誠摯謝意。

最後，感謝始終在背後默默支持著我的家人。

MEMO

Q

A

翻轉學 翻轉學系列 150

懂得駕馭 AI 的追問思維

日本暢銷商業顧問教你 37 道練習，洞察問題背後的「為什麼」，讓你贏得好結果

Ｗｈｙ型思考トレーニング 自分で考える力が飛躍的にアップする３７問

作　　　者　細谷功
圖 說 製 作　櫻井勝志
譯　　　者　鍾嘉惠
封 面 設 計　FE 設計工作室
內 文 排 版　黃雅芬
責 任 編 輯　賴韋廷
出版二部總編輯　林俊安

出　版　者　采實文化事業股份有限公司
執 行 副 總　張純鐘
業 務 發 行　張世明・林踏欣・林坤蓉・王貞玉
國 際 版 權　劉靜茹
印 務 採 購　曾玉霞・莊玉鳳
會 計 行 政　李韶婉・許俽瑀・張婕莛
法 律 顧 問　第一國際法律事務所　余淑杏律師
電 子 信 箱　acme@acmebook.com.tw
采 實 官 網　www.acmebook.com.tw
采 實 臉 書　www.facebook.com/acmebook01

I S B N　978-626-431-042-0
定　　　價　380 元
初 版 一 刷　2025 年 8 月
劃 撥 帳 號　50148859
劃 撥 戶 名　采實文化事業股份有限公司
104 台北市中山區南京東路二段 95 號 9 樓
電話：(02)2511-9798　傳真：(02)2571-3298

國家圖書館出版品預行編目資料

懂得駕馭 AI 的追問思維：日本暢銷商業顧問教你 37 道練習，洞察問題背後的「為什麼」，讓你贏得好結果 / 細谷功著；鍾嘉惠譯. -- 初版. -- 台北市：采實文化事業股份有限公司，2025.08
256 面；14.8×21 公分. --（翻轉學系列；150）
譯自：Why 型思考トレーニング：自分で考える力が飛躍的にアップする37問
ISBN 978-626-431-042-0（平裝）
1.CST: 思考
176.4　　114007251

WHY GATA SHIKO TRAINING
Copyright © 2024 by Isao HOSOYA
All rights reserved.
Interior illustrations by Kenro SHINCHI
First original Japanese edition published by PHP Institute, Inc., Japan.
Traditional Chinese edition copyright © 2025 by ACME Publishing Co., Ltd.
This edition arranged with PHP Institute, Inc.
through Keio Cultural Enterprise Co., Ltd.

采實出版集團 ACME PUBLISHING GROUP
版權所有，未經同意不得重製、轉載、翻印